ALEXITIMIA

Un Mundo Sin Emociones

Dr. Juan Moisés de la Serna

www.juanmoisesdelaserna.es

Prefacio

La alexitimia es un problema que es más frecuente de lo que se suele pensar, y que afecta a las personas dificultando la convivencia.

Desde hace unos años se está haciendo un esfuerzo por parte de los psicólogos por divulgar la importancia de la Inteligencia Emocional y de cómo utilizarlo en beneficio propio y de los demás.

Este libro sigue esta línea de divulgación sobre los últimos avances con respecto a la Inteligencia Emocional, aplicado en este caso al estudio y análisis de la alexitimia.

Objetivo:

El objetivo del libro es servir como primera aproximación para descubrir todas las claves sobre la alexitimia y cómo prevenirla, y en caso de sufrirla, aprenda cómo encontrar la solución, para con ello mejorar su convivencia con los demás.

Para ello se tratan los temas más relevantes ofreciendo resultados sobre las últimas investigaciones desarrolladas en los dos últimos años a lo largo del mundo sobre esta materia.

Todo ello explicado con un lenguaje claro y sencillo, alejado de los tecnicismos, explicando cada concepto, de forma que pueda servir como una verdadera guía de iniciación.

Descubra todas las claves sobre la alexitimia y cómo prevenirla, y en caso de sufrirla, aprenda cómo encontrar la solución, para con ello mejorar su convivencia con los demás.

Destinatarios:

- Profesionales de la salud que se tienen que quieren profundizar en el diagnóstico y tratamiento de la alexitimia.

- A profesores que quieren ofrecer información actualizada a sus alumnos sobre la alexitimia.

- A cualquier persona interesada en conocer por qué no es capaz de conocer y expresar correctamente sus emociones, ni puede interpretar adecuadamente la de los demás.

Temática
A continuación, se detallan cada uno de las temáticas principales de esta obra:
- ¿Cómo decir "Te Quiero" y no morir en el intento?: Seguro que conoces a alguien, o te pasa a ti mismo, que en ocasiones tienes dificultades para expresar tus emociones, sobre todo si es a la hora de declarar tu amor diciendo, "Te Quiero"
Pero, además, hay personas que en realidad no saben lo que sienten por las otras personas, y lo más preocupante, son incapaces de entender los sentimientos de los demás por uno mismo.
A esto es a lo que se denomina alexitimia, y está más extendido de lo que se suele pensar, estimándose que afecta a 1 de cada diez personas a nivel mundial.
Descubre todas las claves en este libro, ¿Qué es?, ¿A quién afecta?, ¿Se puede tratar?

- ¿Se puede prevenir la alexitimia?: "Los hombres no lloran" ha sido una coletilla usada durante mucho tiempo con los más pequeños, haciendo que estos no supiesen expresar sus emociones de forma sana.
Lo que ha provocado una sociedad con "analfabetos emocionales" en palabras de Daniel Goleman, padre de la Inteligencia Emocional.
Descubre cómo desde el gobierno de Canarias se corrigen estos errores, educando a los pequeños para conocer y expresar adecuadamente las propias emociones, a la vez que se aprender a comprender y aceptar las emociones de los demás.

- ¿Sabes que altos niveles de alexitimia se asocian con problemas relacionados con el campo de la Psicología?: Si pensabas que sufrir alexitimia no tenía mayores consecuencias que "perder un amor" por no decirle "Te quiero".
Has de saber que el no saber cómo expresar tus emociones, ya sean estas positivas o negativas, van a asociarse con las adicciones, los trastornos de la alimentación o los trastornos de personalidad

psicopáticos.

Aprende cuál es esta relación y cómo se puede tratar, para superarlo.

Sin emociones estás
Eso te ha confundido
Pero no es preocupante
Porque así has nacido.
Convives con los demás
Eres un incomprendido
Has tenido que aprender
Y ya lo has conseguido.

---AMOR---

Índice

Dr. Juan Moisés de la Serna

Dedicado a mis padres

Agradecimientos

Aprovechar desde aquí para agradecer a todas las personas que han colaborado con sus aportaciones en la realización de este texto, especialmente al Gobierno de Canarias, al Dr. Pedro Luis Nieto, Secretario del Departamento de Psicología y Pedagogía en la Universidad CEU-San Pablo y a Dª. Virginia de la Iglesia, Especialista en dependencia emocional, alta sensibilidad y familia tóxica.

Aviso Legal

No se permite la reproducción total o parcial de este libro, ni su incorporación a un sistema informático, ni su transmisión en cualquier forma o por cualquier medio, sea éste electrónico, mecánico, por fotocopia, por grabación u otros medios, sin el permiso previo y por escrito del titular del copyright. La infracción de los derechos mencionados puede ser constitutiva de delito contra la propiedad intelectual (Art. 270 y siguientes del Código Penal).

Diríjase a C.E.D.R.O. (Centro Español de Derechos Reprográficos) si necesita fotocopiar o escanear algún fragmento de esta obra. Puede contactar con C.E.D.R.O. a través de la web www.conlicencia.com o por el teléfono en el 91 702 19 70 / 93 272 04 47.

Capítulo 1. Definiendo la alexitimia

La atrofia del sistema límbico, va a "descolorar" la vida del individuo, no sólo en el aspecto emocional, sino en todos los ámbitos. Lo que hay que distinguir de las personas con altos niveles de alexitimia, que van a tener dificultades en relacionarse, tomar decisiones, conocer qué siente su propio cuerpo y cómo lo hacen los demás, lo que le va a convertir en un "incompetente" social, ya que el resto de las personas de su alrededor van a manejarse por claves emocionales, que él va a ser incapaz de "ver" ni de procesar, mostrándose frío y distante.

Etimológicamente la palabra "alexitimia" hace referencia a la incapacidad para describir los sentimientos. No se trata de una enfermedad en sí, sino de una forma de ser que puede verse expresada en variedad de enfermedades. Éste tipo de personas van a tener un correcto funcionamiento del sistema límbico, lo que sucede es que no han aprendido a "ponerlo en valor" o simplemente se ha "desecho" de su mundo emocional por considerarlo una "debilidad" o algo inútil.

La toma de decisiones de éstas personas, sería lo más parecido a las decisiones lógicas, frías y calculadas, las que a todos convendrían y que escasamente se toman, basadas en cálculos de pros y contras, donde aquella columna que más sume, se convierte en la decisión óptima, sin dar pie a la improvisación. Son personas que les da lo mismo aprender una receta de cocina, que un libro de derecho, que una novela "rosa", ya que su vivencia va a ser la misma. Con marcados rasgos de personalidad encuadrados dentro del tipo D, hiperactivas, autoexigentes y con baja autoestima. Pero estas personas lejos de "vivir sin emociones", como cabría pensar, lo que sufren es una "desconexión" entre el mundo emocional interno y su expresión externa, con lo que el cuerpo se va a convertir en el vehículo a través del cual dar salida a dichas emociones, produciéndose una somatización de las mismas. Mostrando una mayor probabilidad de llegar a enfermar psicosomáticamente, con afecciones como la colitis ulcerosa, úlceras pépticas, trastornos vasculares como hipertensión o cardiopatías isquémicas, además de trastornos del estado de ánimo como depresión y ansiedad. Y todo ello provocado precisamente por su incapacidad de dar salida a sus emociones por otros medios, como la palabra, la escritura, o simplemente "rompiendo a llorar".

Un estudio realizado por la Universidad Banaras Hindu (India) cuyos resultados han sido publicados en la revista científica S.I.S. Journal of Projective Psychology and Mental Health, investiga sobre la relación entre la salud y la alexitimia. Para lo cual analizaron a ciento cincuenta adultos donde se evaluaba la alexitimia, la salud mental y las vivencias de emociones positivas y negativas. Los resultados indican que altos niveles de alexitimia están relacionados con una mayor probabilidad de enfermar con trastornos psicológicos, explicado en parte, por el componente de anhedonía de la propia alexitimia, con el que se pierde la vivencia positiva de las emociones, favoreciendo de ésta forma mayores experiencias negativas.

En definitiva, son personas totalmente normales, desarrollando una vida en sociedad, únicamente en el aspecto de las relaciones sociales tienen más dificultad, ya que el amor, el cariño, incluso la amistad, están basados en las emociones que se comparten. Cuando no las hay, o se manejan mal, las personas se rigen por otros principios como son, el compañerismo o la conveniencia.

Los afectados conocen su vida íntima y personal, pero no saben cómo sienten otros, por lo que muchas veces lo consideran algo normal, que exista gente más alegre que otros. Igualmente, los de su alrededor suelen entender que la persona es así y no hacen por buscarle ayuda. Eso dificulta que busquen a un profesional para tratar estas carencias. El propio Daniel Goleman, padre de la Inteligencia Emocional comenta sobre ello:

El porcentaje de la población afectada por la alexitimia se calcula que es sobre un 10% de la misma, es decir, de cada diez personas que se conoce, por probabilidad, uno de ellos muestra altos niveles de alexitimia, y con ello problemas de relaciones interpersonales por su falta de entendimiento del mundo emocional propio y de los demás, y por una inadecuada respuesta al mismo.

Los familiares buscan solucionar los problemas de la persona, sin saber qué le pasa, pero viendo las consecuencias que tiene sobre sus relaciones sociales o con otras psicopatologías como las adicciones. Es por ello que necesitan entender que aquello se puede mejorar, no conformarse con decir eso de "es así", y conociendo que existe un tratamiento poder llevar a la persona al mismo. Una vez que la familia es consciente de las dificultades por las que atraviesa la persona con alta alexitimia, hay que saber que no es una enfermedad, y que se puede tratar, mejorando así su calidad de vida y sus relaciones sociales. Hay que tener en cuenta que no existen asociaciones ni para personas con alexitimia ni para sus familiares, pues no es una enfermedad en sí mismo, aunque sí un problema de índole social y personal, pero en el que los que lo sufren se acaban acostumbrando sin buscar solución para ello.

En el polo opuesto a las personas que tienen altos niveles de alexitimia, se encontrarían las personas con "alta sensibilidad".

<<La alta sensibilidad es un rasgo de carácter que predispone a tener una sensibilidad mayor que la media. Estas personas sienten más y con más intensidad y esto hace que sean muy permeables al entorno. La persona altamente sensible se caracteriza por exceso de emotividad, sensibilidad ante la crítica y el juicio externo, se cansan rápidamente.

Generalmente tienen baja energía, sensibilidad a los ambientes y lugares, sentido de la belleza y talento artístico, poseen una visión más profunda, son perfeccionistas y se frustran rápidamente ante los fracasos, necesitan un tiempo para estar a solas, son entregados con los demás, con capacidad de implicación cuando algo les apasiona, empáticos y observadores.

A nivel personal tiene problemas para soltar determinadas emociones. Una de los grandes retos del dependiente emocional es su enorme dificultad para establecer unos límites claros y concisos con los demás, de esta forma, la persona altamente sensible puede ser una candidata ideal a sufrir situaciones de abuso o dependencia emocional.

Virginia de la Iglesia, Especialista en dependencia emocional, alta sensibilidad y familia tóxica>>

Un extremo con respecto a la vivencia emocional, que al igual que en el caso de altos niveles de alexitimia, va a dificultar la convivencia con sus semejantes, debido al desajuste entre lo que los demás esperan como respuesta emocional adaptada a las circunstancias en concreto.

Capítulo 2. El perfil de la alexitimia

Se denomina alexitimia, a la dificultad de identificar en el otro y en uno mismo las emociones; con problemas para expresar la vida emocional interna; además muestra alto grado de conformismo social, dificultades para las relaciones interpersonales, escasa introspección, con limitada capacidad de imaginación, estallidos de ira y personalidad "inmadura": introvertidos, pasivo-agresivos o pasivo-dependientes.

Estas características de personalidad van a afectar tanto en su vida íntima como en sus relaciones interpersonales, mostrándose frías, superficiales y distantes; estableciendo relaciones de pareja basadas en el beneficio mutuo y no en los sentimientos de cariño. No se trata de que éstas personas se crean superiores a otros, por esa distancia que siempre mantienen, como pudiese parecer, sino que es la consecuencia de su incapacidad de saber qué están sintiendo en su interior, y qué sentimientos le despierta la persona que tiene delante.

Ésta inmadurez ante los sentimientos que le incapacita para identificar y expresar los propios, también le impide poder empatizar o comprender los sentimientos de las personas que les rodean. Estas personas con altos niveles de alexitimia suelen manifestar en mayor medida alteraciones psicosomáticas, debido a la disociación entre el mundo interno (vivenciado) y el externo (expresado), además de ser más propensos a sufrir problemas relacionados con el campo de la Psicología como las adicciones, los trastornos de la alimentación, o los trastornos de personalidad psicopáticas.

El perfil de quien tiene altos niveles de alexitimia sería de un varón, durante toda su vida, con dificultades para relacionarse, lo que le puede llevar a sufrir trastornos del estado de ánimo y adicciones. La alexitimia no se considera una enfermedad como tal, sino un rasgo de personalidad, uno puede tener un nivel más elevado o reducido de ello.

El "problema" es que cuando tienes elevados niveles de alexitimia o una personalidad alexitímica, es cuando empiezan a surgir las dificultades de relación, al no entender las emociones de los demás ni las propias, ni saber expresar correctamente las emociones propias.

Desde la aproximación de la medicina psicosomática se entiende que el cuerpo y la mente son una unidad, y lo que le sucede a uno le pasa también a otro. De ahí, que algunos autores hablan que cerca del 90% de las enfermedades tiene un origen psicosomático, es decir, se originan en la mente y se exteriorizan en el cuerpo, por lo que la intervención tiene que ser global, atendiendo tanto a los aspectos físicos como a los psicológicos.

Actualmente estos conceptos han sido corroborados a descubrirse la P.N.I.E. (PsicoNeuroInmunoEndocrinología), una rama que engloba distintas disciplinas, y desde donde se ha observado una interdependencia entre cada uno de los sistemas, el psicológico, el neuronal, el inmunitario y el endocrino. De forma que si uno de ellos enferma, se van a resentir el resto de los sistemas.

Igualmente, desde la aproximación del P.N.I.E. se recomienda una intervención global, en cada uno de los sistemas, y no sólo en la parte enferma del paciente. Así se ha comprobado cómo existe una mayor predisposición a sufrir determinadas enfermedades psicosomáticas en función del tipo de personalidad.

Las personas con personalidad tipo A, que son aquellas más agresivas, competitivas y proactivas, suelen tener mayor tendencia a sufrir problemas físicos asociados a trastornos cardíacos, ya sean ataques o arritmias. En cambio, las personas con personalidad tipo B, que son eminentemente tranquilas y reflexivas muestran una protección natural para los problemas coronarios.

La alexitimia es una atrofia del sistema psicológico, en concreto de los aspectos emocionales, por la cual la persona que lo sufre es incapaz de expresarse adecuadamente sus emociones y de interpretar correctamente los sentimientos de los otros, pero ¿Existe relación entre la personalidad y la alexitimia?

Esto es precisamente lo que se ha investigado

desde la Universidad de Shahid Beheshti, la Universidad Islámica Azad, la Universidad Tarbiat Modarres y Universidad de Teherán (Irán), cuyos resultados han sido publicado en la revista científica The International Journal of Indian Psychology.

En el estudio participaron ciento cincuenta personas, de los cuales sesenta y cinco eran mujeres, seleccionados al azar de entre los usuarios de servicios médicos que estaban siendo tratados por depresión. De los cuatro tipos de personalidad más comunes, los autores se decantaron por analizar únicamente la personalidad tipo C y D.

La personalidad tipo C está asociado a personas afables y abiertas, pero que no comparten sus sentimientos negativos, preocupaciones o tristezas con los demás.

La personalidad tipo D por su parte está asociado a alto nivel de auto-exigencia, con comportamiento hiperactivo, baja autoestima y falta de asertividad, quien lo padece tienden a sufrir en mayor grado casos de trastornos emocionales, úlceras pépticas, trastornos vasculares como hipertensión y cardiopatías isquémicas.

A todos ellos se les pasaron cuatro cuestionarios estandarizados, el primero para evaluar la personalidad tipo C, a través del Eysenck Type C Personality Test; el segundo para evaluar la personalidad tipo D, a través del Denollet Type D Personality Test y una última prueba para analizar los niveles de alexitimia del paciente a través del T.A.S.-26 (Toronto Alexithymia Scale).

Los resultados muestran una correlación positiva significativa entre las personas con personalidad tipo C y la alexitimia, así quien mostraba mayores niveles de personalidad tipo C, también lo hacía con respecto a la alexitimia. No se haya esta relación entre los que tienen personalidad tipo D y la alexitimia. No encontrándose diferencias significativas en función del género, aunque las mujeres han obtenido puntuaciones más elevadas de alexitimia que los hombres.

Los resultados parecen claros entre el tipo de personalidad tipo D y la alexitimia, lo que se explica según los autores por la teoría de Sifneos sobre las bases de la alexitimia y la incapacidad de expresar las emociones, aspecto definitorio de la personalidad tipo D, donde la persona es incapaz de expresar las emociones negativas.

A pesar de estar bien establecida la relación entre la personalidad tipo A y los problemas coronarios, en el estudio también se debería haber incluido su estudio y análisis, e incluso con respecto a la personalidad tipo A, con lo que poder presentar una panorámica más general sobre la relación entre los tipos de personalidad y la alexitimia.

Entre las limitaciones del estudio, está que los investigadores no corroboraron el diagnóstico con pruebas específicas sobre depresión, igualmente no han recogido sobre la gravedad de la enfermedad, el tiempo que llevan padeciéndose o el tratamiento que reciben al respecto.

Igualmente se desconoce de los participantes las variables sociodemográficas que pueden estar influyendo como variables extrañas en los resultados de la investigación. Igualmente hay que tener en cuenta las características propias de la población objeto de estudio, por lo que antes de concluir al respecto hay que realizar nuevas investigaciones en otras poblaciones.

Pero no toda imposibilidad de comunicar emociones puede considerarse alexitimia, ya que puede estar influido por las propias deficiencias comunicativas de la persona, que abarca no sólo el mundo emocional sino a la expresión incluso del lenguaje verbal y no verbal, tal y como en el caso de los pequeños con problemas de desarrollo, como por ejemplo con el Autismo, actualmente denominado Trastorno del Espectro Autista según el manual de diagnóstico clínico D.S.M.-V (siglas en inglés de Manual Diagnóstico y Estadístico de los Trastornos Mentales, actualmente en su versión quinta).

Una de las aportaciones más controvertidas al respecto, es la que hace referencia al estudio del autismo y en concreto a la teoría del "Cerebro Extra Masculino", donde el autor Simon Baron-Cohen de su "descubrimiento", explica algunos de los rasgos "típicos" que se encuentran entre los afectados por el autismo, como son los problemas de la comunicación, tanto al expresar sus emociones, necesidades y deseos, como en percibir e interpretar correctamente la de los demás, lo que se traduce en una baja capacidad empática.

La empatía es por definición una de las habilidades más desarrolladas, junto con el lenguaje, por parte de las mujeres, frente a los hombres, pero en los autistas está aún menos presente. El autor de ésta teoría, evaluó en distintos estudios dos aspectos que fueron: la empatía y la sistematización, entendida la primera como la capacidad de identificar los pensamientos y emociones de otros, y de responder con una emoción apropiada; la sistematización por su parte, hace referencia a la capacidad de extraer reglas de funcionamiento del medio ambiente, esto es, regularidades sobre cómo funcionan las cosas. Lo que halló en sus investigaciones, fue que el hombre tiene mayor capacidad de sistematización que de empatía, lo contrario que la mujer.

Las personas afectadas por el autismo por su parte tienen una sobrecapacidad para la sistematización mayor que en cualquier hombre, en detrimento de la empatía que es mucho menor que los hombres, es decir, tienen maximizadas las habilidades "masculinas" en estos aspectos.

Según un estudio realizado en la Universidad de Cambridge (Inglaterra) cuyos resultados han sido publicados en la revista científica Brain, A Journal of Neurology, estas manifestaciones serían debidas a un exceso de masculinización cerebral, provocada por altos niveles de testosterona en el útero materno. Lo que explicaría por qué éste trastorno del desarrollo se produce cuatro veces más en niños que en niñas, aspecto que está actualmente cuestionado, ya que se ha planteado sobre si efectivamente existen estas diferencias, o más bien se trata de un sesgo en el diagnóstico por parte de los evaluadores a la hora de determinar la presencia de autismo en niños frente a niñas, quienes diagnostican antes y en mayor número a ellos frente a ellas.

<<En el autismo existen dificultades para percibir adecuadamente las expresiones emocionales de los demás. Saber "leer" la expresión emocional en la cara de alguien nos parece una tarea sencilla, pero es mucho más compleja de lo que aparenta, pues exige el manejo de muchos procesos perceptivos y cognitivos, para

"traducir" los signos que un rostro te ofrece, a una "etiqueta" que nos permita saber qué emoción está sintiendo la otra persona.

En la literatura científica sobre este tema se insiste en que los niños con autismo van aprendiendo a reconocer emociones con la edad y también con entrenamientos específicos, que les ayudan mucho a comprender qué podrían estar sintiendo las personas que les rodean. Las dificultades cognitivas que tienen los niños con autismo no les impiden entender completamente las emociones de los demás, pero sí que les entorpecen este proceso. Algunos podrían pensar que el origen es una dificultad en la comprensión de las emociones en sí, pero es una alteración más compleja, pues lo que fallan son los procesos perceptivos, atencionales, y de formación de conceptos que son necesarios para acabar concluyendo que la cara que esa persona está poniendo "tienen que ser" porque está sintiendo tal emoción.

Esto hace que las relaciones sociales sean mucho más imprevisibles. A todos nos gusta saber a qué atenernos cuando nos dirigimos a otra persona. Le miramos a la cara y si interpretamos que esa es una cara de enfado decidimos que lo que le vamos a decir puede esperar a otro día. A las personas con autismo les cuesta mantener relaciones con las otras personas, entre otros motivos, porque les cuesta estar seguros de lo que sentimos. Es como si te relacionaras con un grupo de gente que llevaran puestas máscaras que te impidieran "leer" sus expresiones faciales. Al llegar a la edad adulta, buena parte de estas dificultades persisten, pero la experiencia personal y el entrenamiento les puede ayudar mucho.

Dr. Pedro Luis Nieto, Secretario del Departamento de Psicología y Pedagogía en la Universidad C.E.U.-San Pablo (España)>>

Una visión, la del autismo, y sus dificultades de comunicación, incluido los aspectos emocionales, que recuerdan que se trata de un proceso aprendido y automatizado empleado para ver e interpretar la emoción de los demás y ajustando la respuesta al mismo, proceso que no es algo sencillo, sino que se compone de múltiples pasos intermedios, y que el fallo en alguno de ellos puede dar como consecuencia, una alteración en la expresividad correcta de la emocionalidad, con todas las consecuencias sociales que acarrea al no ser capaz de entender cómo sienten los demás para poder así adaptar el comportamiento a sus emociones.

Capítulo 3. Síntomas de la alexitimia

En todos se producen emociones, sólo que existe una incomprensión de las mismas por parte de los alexitímicos, es como si escuchasen un idioma que desconocen, por ejemplo, el chino, saben que les quiere decir algo su propio cuerpo, o las emociones de otra persona, pero son incapaces de entender qué es. Son personas que sienten como los demás, en el sentido de que reciben los mismos impactos emocionales a través de la publicidad, los medios sociales, o directamente de persona a persona, pero parecen permeables, no porque no les afecte, sino porque no llegan a entender lo que se les quiere transmitir, luego el proceso de comunicación se ve interrumpido.

El problema está en el procesamiento y en el reconocimiento de las emociones, se ruborizan, sienten taquicardia, y palpitaciones, pero no lo atribuyen a un sentimiento de amor, o de odio. De ahí la importancia de la reeducación para que les sirva para conocerse y saber qué es, y cómo reaccionar adecuadamente.

Según Nemiah, la alexitimia se caracteriza por mostrar una dificultad para identificar y describir sentimientos; para distinguir los sentimientos de las sensaciones corporales del arousal emocional; pobreza de la vida fantasmática y por un estilo cognitivo externamente orientado. Cuando existe una base biológica que lo sustenta, los síntomas van a estar ahí desde el principio, pero a medida que se crece, y va teniendo más experiencias y relaciones sociales, se van haciendo más evidentes las carencias. Luego en la juventud y la madurez serán las etapas en donde más se puedan expresar los síntomas de la alexitimia.

A pesar de esta sintomatología, es difícil que la persona acuda a consulta por un problema de alexitimia, debido a que escasamente es consciente de que lo sufre y sus consecuencias. Con un ejemplo quizás quede más claro, el daltónico tiene una incapacidad total o parcial de ver determinados colores, y puede ser consciente de que en el semáforo hay distintos colores, pero no los ve. Sabe que la gente se suele comportar en función de colores que no ve. Eso puede ser frustrante en un momento determinado, pero se acaba uno acostumbrando a lo que vive y lo que ve; e incluso puede aprender que el rojo, es el color de arriba, ámbar el de en medio y verde el de abajo, y todo eso sin verlos, pudiendo tener un desempeño automovilístico como el resto de los ciudadanos. Pues igual pasa con el entrenamiento con alexitimia, que pueden aprender a vivir en un mundo emocional aun sin sentirlas.

Piense que está viendo una televisión vieja en blanco y negro, por mucho que le digan los demás con información que se puede ver mejor si resintoniza, hasta que no se le enseñe cómo hacerlo va a seguir viendo los mismos canales que el resto, pero en blanco y negro. Pues lo mismo le pasa a una persona con alexitimia, que no es cuestión de más información si no de formación especializada.

Los rasgos definitorios de una personalidad con altos niveles de alexitimia son: externamente estas personas pueden presentarse como narcisistas, centradas en su propio mundo, evitando los compromisos y las relaciones sociales, psicoactivas, no esperando de los demás, si no anticipándose a propuestas y actividades, mostrando un afecto inadecuado tanto en su emocionalidad como en su intensidad, con un estilo de comportamiento impulsivo, guiado por las propias necesidades, si tener en cuenta a los demás.

Estas personas parecen guiarse únicamente por sus impulsos de conseguir lo que quieren sin medir las consecuencias de sus actos, y en muchos casos no ajustándose a las circunstancias donde actúan. Escasamente se les ve llorando, con un estado casi constante de tensión personal, agitación, e inquietud que puede llevarles a la irritabilidad, frustrándose por todo, cuando no alcanzan sus ambiciosos objetivos, mostrando síntomas inespecíficos de problemas de salud, pero de los que se queja mucho.

Hay que tener en cuenta que al alexitímico o mejor dicho la persona con altos niveles de alexitimia no se la considera que sufra una patología, ya que se trata de una característica de personalidad más. Aunque sí va a tener unas consecuencias sobre todo en el ámbito de las relaciones sociales, pero eso no lo convierte en patológico. Por ejemplo, en la persona introvertida cuando tiene altos niveles de esta característica de personalidad, la persona va a tener dificultades a la hora de relacionarse con los demás, entablar amistad, e incluso relación íntima; pero nadie considera que una persona excesivamente introvertida es alguien que tiene un problema patológico; pues igual pasa con la alexitimia.

Igualmente hay que distinguir las consecuencias de altos niveles de alexitimia con los motivados por otros rasgos de personalidad, como en el caso de los neuróticos, los obsesivos o los histéricos; pero estas diferencias no tienen por qué ser evidentes externamente, ya que se relacionan mucho con el mundo interior, la forma de pensar y vivir las propias experiencias y emociones, por lo que para poder establecer un correcto diagnóstico sobre la persona es preciso la exploración por parte de un especialista. Diagnóstico que por otra parte no va a hacer si no constatar cómo es la persona, pero que a partir de ahí se precisa de un tratamiento especializado para el reaprendizaje del mundo emocional por parte de la persona, con el que compensar sus deficiencias mostradas hasta el momento, con la que poder tener una vida plena emocionalmente, con capacidad de expresar y de comprender las emociones de los demás adecuadamente.

Sólo hay que ponerse en la piel de una persona que tiene altos niveles de alexitimia, para comprender el sufrimiento psicológico que esto puede conllevar, viviendo como en una especie de niebla constante en donde se confunden los sentimientos y deseos que no están en ningún caso claro, pero si ya de por sí puede resultar frustrante no saber lo que uno quiere, mucho más frustrante es no entender lo de los demás, sobre todo si te demandan una respuesta clara al respecto.

Seguro que habrá oído hablar del miedo al compromiso de los hombres, como una manera de evitar tener más responsabilidades o de madurar, pero si se ve desde el punto de vista de la alexitimia, no se puede pedir a ese hombre con altos niveles de alexitimia, que sepa lo que siente, y por tanto pedirle que se comprometa a algo que no sabe si siente.

Es cierto que en determinados casos puede provocar miedo, por los cambios que suponen tanto en la pérdida de libertad individual, o como por el compromiso por la convivencia con otra persona, pero en el caso de altos niveles de alexitimia, la persona es incapaz de saber lo que siente por la otra y por tanto el compromiso es mucho más difícil de alcanzar por su parte.

Igualmente, el no conseguir aquello que se cree que quiere es fuente importante de frustración. En la persona se confunden los impulsos, la necesidad o el capricho. La imposibilidad de conocer realmente lo que quiere hace que acabe buscando algo de los demás, aquello que parece que les hace felices. Creyendo que con eso también ellos podrán ser felices, es decir, si en una sociedad está bien visto tener una pareja, una casa, un coche, etcétera, la persona con alto nivel de alexitimia buscará precisamente eso, independientemente de lo que realmente quiera ella misma.

Pero es necesario obtener un diagnóstico para conseguir distinguir esta sintomatología, propia de una personalidad con altos niveles de alexitimia, de otras causas. Para ellos se suelen utilizar tres tipos de herramientas:

- La primera, la entrevista, ya sea estructurada o semiestructurada. En el primer caso se realizan una serie de cuestiones sobre diversos ámbitos de la vida de la persona, explorando especialmente las áreas relacionadas con su vida emocional, tal y como se hace con la A.P.R.Q. (Alexithimia Provoked Response Questionnaire) desarrollada por Krystal. En la semiestructurada se le pide a la persona que hable en dos momentos diferentes, uno refiriéndose a aspectos emocionales y otra a otros ámbitos de su vida, el análisis del discurso y del contenido emocional de las palabras dará la medida de la alexitimia.

- La segunda, los cuestionarios y escalas estandarizados, donde se han creado diversidad de instrumentos con los que evaluar la alexitimia a partir de los resultados obtenidos en unos test, tales como las respuestas al B.I.Q. (Beth Israel Questionaire) o al T.A.S.-26.

- La tercera, las técnicas proyectivas, entre las cuales la más conocida es el Test de Rorschach, donde se explora aspectos relacionados con la persona la flexibilidad mental de la persona y su capacidad de imaginación, que parecen estar en presente entre las personas con altos niveles de alexitimia.

A través de los resultados de estas pruebas se puede constatar lo que para algunos familiares y amigos ha sido evidente, la falta de empatía por parte de esa persona. Una vez que se tiene el diagnóstico correspondiente, y establecido la presencia de altos niveles de alexitimia, es momento de plantearse acudir a terapia para llevar a cabo el tratamiento pertinente para superar esta situación que le está creando a quien lo tiene problemas de convivencia consigo mismo y con los demás.

Indicar, que no se trata de una enfermedad, sino de una característica de la personalidad, pero que sí tiene importantes consecuencias sociales e incluso en la salud de la persona, de ahí la necesidad de que siga el tratamiento indicado para poder así superar esas dificultades que experimenta.

Capítulo 4. El Origen de la alexitimia

Es difícil conocer exactamente el origen de la alexitimia, pero lo más probable es que al igual que ocurre con el conjunto de la personalidad haya diversos factores involucrados en su desarrollo, aunque podrían agruparse en la herencia genética y en el ambiente. Los rasgos de personalidad estables que se han heredado, habrán sido moldeados por el aprendizaje a lo largo de la vida dando como resultado un "estilo alexitímico".

En la sociedad industrializada se establece el concepto de "hombre económico", esto es, lo que mueve a la persona es la consecución de bienes y servicios y para ello debe de ganar dinero y la forma de hacerlo es trabajando. Luego socialmente está mejor visto un gran profesional, exitoso en su puesto, antes que un gran amigo o un gran padre cariñoso con sus hijos. Igualmente se ha tratado de explicar las diferencias en el procesamiento emocional y en los niveles de alexitimia entre hombres y mujeres basados en el convencionalismo social, pero en este caso de los antecesores.

Tradicionalmente se ha mantenido el reparto de tareas que ya tenían los ancestros desde las cavernas, donde la mujer se encarga del cuidado, atención y alimentación del menor, quedándose para ello en el hogar, mientras que el hombre ha de salir a buscar comida, anteriormente cazándola, actualmente yendo a trabajar. Éste esquema de reparto de tareas ha servido de base para justificar las diferencias neuropsicológicas de ambos sexos, así la mayor capacidad de los hombres, en la orientación espacial, es fruto de la necesidad de saber dónde se encuentra, hacia dónde dirigirse para buscar su presa y sobretodo cómo volver una vez cazada, igualmente un cuerpo más rápido y fuerte es más útil para éstas funciones. Además de proveer alimento para la prole y la mujer, entre sus tareas habituales estaba la de protegerles y cuidarles de cualquier peligro. En cambio, la mujer es capaz de desempeñar un trabajo más meticuloso y cuidadoso, especializada para la selección y recolección de frutos. Para ello ha desarrollado una sensibilidad y capacidad de atender y distinguir pequeños matices, volcada en la atención y cuidado del menor, siendo capaz de empatizar con ellos, como forma de saber qué es lo que les pasa y cómo se sienten. Pero esto no solo ha influido en las diferencias físicas y de capacidades psicológicas, sino también en otros ámbitos, como el de la expresión de las emociones, así los hombres han aprendido a expresarse mediante la exhibición de conductas agresivas contra los demás, mientras que la mujer es más sutil, prefiriendo emplear la expresión oral para comunicar cómo se siente.

Dentro del reparto de roles, según la terapeuta familiar Laura Gutman, la figura paterna era la que menos tiempo pasaba con el menor, a pesar de lo cual mantenía un carácter autoritario, siendo el "encargado" de regañar y reprender al pequeño, que no cumplía las expectativas o exhibía un comportamiento alejado de las normas socialmente establecidas. La madre por su parte, y debido a la mayor proximidad al menor, era la "dispensadora" de cariño y cuidado, siendo a quien acudía el menor cuando se caía o tenía algún problema ya fuese de salud o con otros miembros de la comunidad. En la sociedad actual en que los dos miembros de la pareja trabajan, los roles son difusos, siendo en muchos casos trasladada a los abuelos o a las guarderías, la función de cuidado y protección del menor, a pesar de lo cual las diferencias en el procesamiento emocional se mantienen.

Ésta adaptación de capacidades emocionales en función de los distintos roles, es defendida desde los modelos ambientalistas y socioculturales, quienes afirman que, si el reparto de papeles hubiese sido de otra forma, éstas diferencias hombre-mujer no existirían o se manifestarían de manera distinta. Estas diferencias socioculturales provocan que el hombre de por sí maneje peor las emociones que las mujeres, lo que se refleja en que haya un mayor porcentaje de hombres que sufran alexitimia.

-Desde la perspectiva biológica, la determinación de las diferencias, viene "programada" en el A.D.N. en concreto en el par 23, siendo la presencia del cromosoma "Y" determinante y desencadenante de las distintas manifestaciones biológicas y neuronales, propiciando determinados desarrollos diferenciales en hombres y mujeres, que luego van a condicionar sus habilidades y potencialidades. La postura intermedia indica que se está determinado biológicamente para poder desarrollar más fácilmente unas habilidades que otras, pero esto va a depender de "la presión ambiental" es decir, de las necesidades que promueven el esfuerzo y ejercicio y con ello el desarrollo de una u otra función.

Específicamente para el tema de la alexitimia, Sifneos quien acuñó este el término en el ámbito clínico, señaló que se pueden distinguir entre dos tipos en función de su origen:

- La Primaria de orden biológico, por la cual se produce una alteración en las estructuras implicadas en el procesamiento neuronal de las emociones impidiendo así su correcto funcionamiento, debido a factores hereditarios.

- La Secundaria que se origina por las condiciones medioambientales, y las circunstancias que vive, por ejemplo, causado por una situación traumática.

En los primeros años es donde se va conformando la personalidad, que luego va a acompañar a la persona el resto de la vida, sin llegar a la perspectiva psicoanalítica, actualmente se acepta que los hechos vividos durante las primeras etapas pueden ser determinantes. Una situación de maltrato o de abuso, sobretodo proveniente de familiares próximos, o una infancia carente de afecto, por ejemplo, al no recibir la atención necesaria por parte de sus padres, pueden llevar a una alexitimia secundaria.

-Desde una perspectiva más teórica se entiende que la alexitimia es debido a una falta de maduración de la persona, que emplea mecanismos y estructuras infantiles para comunicarse a través de la sintomatología del organismo, en vez de expresar sus emociones con palabras. Alrededor de la alexitimia y desde esta perspectiva se ha acuñado términos como " iletrados emocionales", "personalidad infantil" o "conducta social pseudoadaptada", todos estos términos referidos a la misma idea de una falta de desarrollo emocional por parte de la persona.

La relación entre la madre y su bebé, a lo que en el contexto de la Psicología Evolutiva se ha denominado diada madre-hijo, adquiere pues una especial relevancia ya que va a ayudar a conformarse la personalidad del pequeño, así como ofrecerle las primeras experiencias con el mundo exterior, donde el pequeño va adquiriendo destrezas y autonomía con respecto a su propio cuerpo.

La investigación sobre la importancia de los primeros años de vida se puso en evidencia en el siglo XVII, debido a los famosos casos de los niños salvajes, como el de Aveyron. Niños que no recibieron ningún tipo de estimulación social y que tenían importantes carencias en cuanto a sus habilidades de comunicación que, además, y a pesar de los esfuerzos de los investigadores de la época, no pudieron ser superadas para equipararse al del resto de los niños de su edad, surgiendo así la teoría del periodo crítico, por el cual lo que no se aprende en su momento no se puede aprender con posterioridad. Igualmente a como se había observado en los casos de raquitismo infantil producido por la falta de vitamina D, debido a una carencia alimenticia de calcio y fósforo, lo que conllevaba a la desmineralización de los huesos y cartílagos; igualmente, se planteó a mediados del siglo XIX que la falta de afecto en los pequeños o una relación inadecuada con la madre, desencadenaba una serie de consecuencias sobre el menor que con frecuencia no llegaba a recuperase, entre las cuales se encontraba, un retardo en el desarrollo, con lenguaje incompleto, sin hábitos sociales, con gran demanda de afecto y baja tolerancia a la frustración.

En la misma época se comprobó algo que se había documentado desde hace tiempo, fue en los orfanatos alemanes, donde trataron de incrementar la esperanza de vida de sus menores, que era muy inferior a la de aquellos niños que vivía en una familia normal. A pesar de los esfuerzos en cuanto a incrementar las condiciones de salubridad de los orfanatos, al final se constató que lo importante era el cariño y la afectividad del cuidador, y su ausencia provocaba trastornos físicos y psicológicos del desarrollo, denominándose a éste efecto como hospitalismo. Estos antecedentes pusieron en evidencia la importancia de las primeras relaciones más allá de proporcionar cuidado y alimentación.

Freud, consideraba a la madre como el primer objeto de deseo, ya que es a través de ella como se consigue la comida, la cual será la primera relación objetal que irá evolucionando, incorporando los elementos del mundo exterior a medida que aumentan las capacidades del pequeño. En la diada madre-hijo, el pequeño va a ir conformando su personalidad, de forma que al principio va a reflejar las necesidades y carencias de su madre, antes de establecer sus propias características.

Siendo precisamente en éste reflejo del bebé, el origen de las enfermedades psicosomáticas, proveniente de la personalidad de la madre, debido a su permeabilidad por no tener aún conformada su propia identidad diferenciada. Así una personalidad represora por parte de la madre, va a hacer que el pequeño interiorice ciertos hábitos sobre el manejo de sus emociones que van a conformar parte de su personalidad, lo que va a hacer que tenga más probabilidades de enfermar, tal y como se ha observado en adolescentes. Estudios sobre depresiones infantiles y fenómenos como el de hospitalismo corroboran la importancia de la madre, no sólo de su presencia física, sino de su implicación emocional con el menor, el cual por un proceso de introyección va a asumir la vida emocional de la madre. En éste caso el término represor no hace mención al término psicoanalítico sino a una concepción en donde la persona exhibe una personalidad caracterizada principalmente por una incapacidad de identificar y expresar sus propias emociones, sobre todo las negativas, como ansiedad, ira, rabia o agresividad.

El pediatra y psiquiatra Winnicott con su concepto de "madre lo suficientemente buena", resalta la figura materna y la relación que se establece con esta en los primeros años de vida, donde precisamente estos primeros vínculos van a determinar cómo se va a relacionar la persona con el mundo de mayor. Siguiendo esta perspectiva, una madre emocionalmente distante, ya sea ella misma alexitímica o no, va a provocar que los bebés no sientan ese afecto que todos desean y necesitan, distanciamiento que va a provocar que el pequeño en desarrollo no se vea atendido cuando lo requiere mediante lloros y balbuceos. Esa demanda de cuidado y cariño no atendidos va a estar en la base de la posterior falta de expresión emocional, ya que ha aprendido que no sirve "para nada", ya que nadie le va a atender ni colmar sus necesidades, con lo que va forjándose esa división entre el mundo interior de los deseos y necesidades, y el mundo exterior, al que recurre cada vez menos para expresar sus emociones, debido a las repetidas muestras de incomprensión y falta de atención, que le ha provocado tanta frustración al pequeño.

Una estructura disociada que se forma desde pequeño, por esa falta de empatía por parte de la figura materna, que va a acompañar a la persona toda su vida, conformando así un modo de relacionarse, poco sana socialmente, pero que ha sido la primera que ha aprendido. Precisamente por esto, de la dificultad de buscar el cambio a través del tratamiento hay que procurar conseguir sacar a la persona de sus estructuras de personalidad que hasta ese momento ha seguido, para ofrecerle nuevas posibilidades con las que desarrollarse de forma sana y adaptada a su medio social. No se trata tanto de cambiar el pasado de la persona, ni sus experiencias, sino de ofrecer alternativas a las nuevas situaciones, con lo que aprender nuevas formas de expresar las propias emociones, aun a riesgo de obtener una negativa, recibiendo entrenamiento para superar la frustración que ello puede provocar.

-Desde esta perspectiva, la terapia va a buscar, compensar y corregir esas experiencias maternas emocionalmente inadecuadas, ofreciendo nuevas posibilidades con las que afrontar y enfrentarse a sus propias demandas y necesidades, a la vez que comprender las demandas emocionales de los demás.

Hay que pensar que no se busca cambiar a la persona, que está configurada por su personalidad, en este caso con altos niveles de alexitimia, sino que se trata de proporcionar herramientas para que las pueda utilizar dependiendo de la situación en que se encuentre, y con ello tener una mayor integración social.

Teniendo en cuenta el propio concepto de persona, cuya etimología hace referencia a las máscaras que utilizaban los griegos, en sus representaciones de teatro, es decir, la persona (máscara) es la imagen que se usa para presentarse ante los demás; sin ser tan estrictos, el término se empela para designar a un individuo sustancialmente distinto del resto, que pertenece a una determinada especie.

Ésta persona va a tener una serie de cualidades, además de sus características físicas, como son el peso, la altura, el color de pelo, piel u ojos, entre otros; también va a presentar una forma sentir y de relacionarse consigo mismo y con los demás, mostrando un estilo de conducta y formas de hacer propias. A éste conjunto de estilos de pensar, sentir y actuar, es a lo que se denomina personalidad, en la que se pueden distinguir tres facetas:

- Biológica, que se corresponde tanto a la información genética adquirida por combinación de las de los progenitores (genotipo); como a los caracteres morfológicos, funcionales y bioquímicos que presenta la persona (fenotipo); el primero se correspondería a la carga genética, mientras que el segundo se refiere a cómo se expresa esa genética de una determinada manera.

- Individual, que abarca las necesidades, deseos y anhelos, es decir, es la motivación de la persona, que será lo que la va a conducir a actuar de una determinada manera para conseguir alcanzar sus metas, igualmente tratará de evitar aquello que le resulte poco atractivo o desagradable.

- Social, a través de las relaciones interpersonales, se aprende no sólo a convivir con los demás, sino también a pensar y sentir de una determinada manera. La cultura, el idioma, los usos y costumbres, van a ir configurando desde los primeros meses las tendencias de pensar, sentir y comportarse del individuo a lo largo de su vida.

Con esto se puede tener una idea aproximada de lo que es la personalidad, como la tendencia a pensar, sentir y actuar de una determinada manera, que va a estar condicionada, por un conjunto de normas que regulan la convivencia, dentro de la sociedad en que se vive, así como por la expresión de una genética trasmitida de padres a hijos, pero ¿Cómo se forma la personalidad?

Dos son los principales mecanismos que se usan para conformar la personalidad a lo largo del tiempo:
- La experiencia directa, permite a la persona, desde muy pequeño ir probando distintas acciones, y por ensayo y error, aprender aquello que es agradable o desagradable. Lo primero, se convierte en fuente de deseo, generando tendencias hacia su logro; mientras que lo desagradable, se tiende a evitar o incluso huir de ello.
- El aprendizaje vicario, también conocido como aprendizaje observacional, definido por Albert Bandura, por el cual la persona es capaz de aprender las consecuencias de determinadas acciones, viendo los resultados que estas generan en otros. Por ejemplo, un bebé es capaz de aprender a no tocar las cosas puntiagudas si ve cómo otra persona se lastima al hacerlo.
A través de estos dos mecanismos, se va a aprender a identificarse un mismo como individuos, distintos del resto, con características propias, como son el propio cuerpo, con una forma de pensar y de actuar peculiar, pero para llegar a este punto se ha de pasar un tiempo de experiencia y aprendizaje por parte del bebé, tal y como lo demuestra la prueba de la mancha.
Previamente a la prueba, al pequeño se le ha puesto una mancha (por ejemplo, de carmín) en alguna parte de su frente, para con posterioridad colocarle frente a un espejo, para observar su reacción. Si éste trata de tocarse la mancha, se puede concluir que el bebé tiene conciencia de que ese que está viendo en el espejo es él, es decir, es su reflejo; por lo tanto, ya tendría conciencia de sí mismo, como individuo diferente del resto. Igualmente, con el tiempo, va a ir adquiriendo la conciencia moral, que es aquella que va a regir la conducta a lo largo de la vida.
A través de esta conciencia moral se aprende qué es lo que está establecido como correcto o incorrecto, dentro de una determinada sociedad. Así, estarán permitidos e incluso fomentados determinados deseos, pensamientos y formas de actuar; mientas otros quedarán prohibidos, perseguidos y castigados. Todo

ello va a ir conformando a la persona y estableciendo una determinada forma de sentir, pensar y actuar que fijará su personalidad.

En un estudio realizado conjuntamente por la Universidad de Harvard y la de Pennsylvania (EE.UU.) cuyos resultados han sido publicados en la revista científica Psychological Science, se analiza el papel del dinero como eje fundamental de la corrupción de la moral, prestando especial atención a los factores que influyen y sobre todo a cómo prevenirlo.

A través de cuatro estudios donde se manejaron dos variables como era el dinero "a ganar" y el tiempo de respuesta solicitado. A los participantes se les puso en distintas situaciones, teniendo que ofrecer una decisión en función de las variables anteriores. Los investigadores reconocieron que el dinero es un factor decisivo para corromper la propia moral incluso cuando no se le dé, sino que únicamente con pensar en lo que puede ganar, hace que la persona tenga tendencias en contra de su moral. Al contrario, el tiempo es un factor "protector" de la moral, cuanto más se disponga, mayor capacidad de reflexión tendrá la persona y con ello tenderá a regirse por sus propias convicciones y no tanto por el dinero que pueda ganar.

Es por ello que cuando un vendedor quiere "cerrar una operación", es decir, vender cualquier producto o servicio, procura "presionar" al cliente para que éste no tenga tiempo para reflexionar. Como se puede observar, a pesar de la formación de valores o moral de la persona, al final va a ser el adulto el que debe de dar la respuesta adaptada según las circunstancias en donde se encuentre.

Lo mismo pasa con el reaprendizaje de las emociones, no basta con incidir en la educación en los primeros años de formación de la personalidad, es preciso, además, observar si de mayor se dan síntomas de alexitimia, y en la medida que la propia persona quiera, poder intervenir para ajustar sus emociones a las circunstancias donde se encuentra en cada momento.

De forma que el aprendizaje de nuevas habilidades va a aumentar la inteligencia emocional de la persona corrigiendo y reduciendo el nivel de alexitimia de su personalidad, con lo que mejorar notablemente sus relaciones interpersonales.

Hay que tener en cuenta que la familia es un gran apoyo para los más pequeños, sobre todo cuando éstos sufren algún tipo de enfermedad, pero ¿Cuál es su papel en el origen?

-Desde la Psicología Clínica, para el estudio de la base genética de las enfermedades mentales, se emplea la observación de los caracteres intrafamiliares, esto es, comprobar si algún familiar, ascendente o descendente tenía la misma alteración médica, además del análisis de gemelos y mellizos, así como la comparación entre hijos biológicos y adoptados dentro de la misma familia.

En el primer caso, hay que indicar cuál es la diferencia existente entre gemelos y mellizos, aunque ambos nazcan durante el mismo parto, los gemelos tienen igual carga genética ya que proceden de un sólo óvulo (monocigóticos), mientras que los mellizos, tienen distintas cargas genéticas ya que proceden de dos óvulos distintos (dicigóticos). Gracias a estos estudios, se puede comprobar la mayor o menor influencia del componente genético en aspectos como la personalidad, el carácter y la forma de ser.

En caso del estudio de los hijos "naturales" frente a los adoptados, se analiza la incidencia de las enfermedades mentales, así si dos pequeños de una familia muestran la misma enfermedad cuando uno de ellos es adoptado, se puede descartar la causa genética de la misma, siendo la única explicación posible de base ambiental, es decir, hay algo que ambos comparten, ya sea la familia, la escuela, el barrio... que hace que los dos sufran el mismo trastorno psicológico a pesar de provenir de padres y madres diferentes.

También, utilizando éste mismo paradigma se ha estudiado, si hermanos dados en adopción y viviendo en familias diferentes exhiben los mismos trastornos psicológicos, lo que sería un apoyo para la explicación genética en la base de dicho trastorno.

Aunque existen pocos casos analizados, el mejor estudio proviene de una combinación de los dos anteriores, esto es, analizar la salud física y mental, así como los caracteres de personalidad que muestran gemelos monocigóticos que han sido separados desde el nacimiento y han vivido en ambientes totalmente diferentes.

Todo ello para estudiar qué peso tenía la genética frente al componente ambiental (aprendizaje directo y observacional) en cada una de las enfermedades mentales. De ésta forma de trabajo se ha extraído que el componente genético afecta entre un 17% y 28% a los trastornos mentales más importantes, como son, esquizofrenia, trastorno bipolar, depresión, trastorno por déficit de atención y autismo, siendo el restante porcentaje producto de la intervención familiar y social a lo largo del desarrollo de la persona.

A pesar de que el porcentaje de la influencia genética en las enfermedades mentales pueda parecer alto, quien mayor "peso específico" tiene en la salud mental del individuo es la sociedad en la que se enmarca, y especialmente la familia, que va a servir de pilar fundamental en la formación de la persona como individuo.

A ésta misma conclusión se había llegado ya desde hace años desde la aproximación psicosomática, al observar cómo familias funcionales tenían hijos sanos, mientras que las disfuncionales provocaban que en los hijos se produjesen manifestaciones psicosomáticas que le iban a acompañar el resto de su vida.

Cuando se habla de familia disfuncional abarca cualquier aspecto de la vida laboral, social, íntima y emocional que pueda afectar al normal desarrollo del menor como persona, pudiendo ser malos tratos hacia la pareja o el menor, pero también situaciones de infidelidad que generen tensión intrafamiliar, pérdida por fallecimiento o abandono de la familia por parte de uno de los cónyuges, separaciones o divorcios, situaciones de paro prolongado o de trabajos demandantes que aumenten el estrés familiar... incluso la intervención de terceros, que convivan o tengan un gran "peso" en las decisiones familiares, pueden favorecer situaciones que al final desemboquen en una enfermedad psicosomática, influenciadas principalmente por el estrés percibido y por las propias vivencia emocionales.

Los más pequeños de la casa no piensan y sienten como adultos, ni pueden llegar a ser "comprensivos" con sus progenitores, justificando sus "debilidades" y decisiones "incorrectas" tal y como lo hacen ellos. Los niños son mucho más "simples" que eso y precisamente por ello más vulnerables a los cambios bruscos emocionales o de estrés que se vivan en la familia.

Éstos cambios van a "marcar" al pequeño para un futuro, ya que son los que se graban con mayor fuerza, debido al componente emocional que acompaña, y eso que de adulto pueda que no sea consciente de ellos, aunque esté padeciendo sus "efectos".

En el núcleo familiar se van a establecer los primeros límites, normas y regulaciones que van a regir la vida del pequeño, pero también éste va a interiorizar los ejemplos de los demás, asumiendo lo "no escrito" como propio, gracias a la capacidad de imitación del menor, es por ello, que los padres deben de asumir su responsabilidad no sólo de alimentar cuidar y enseñar las reglas de convivencia, sino también la de educar con el "ejemplo de vida".

Capítulo 5. Consecuencias de la alexitimia

Muchas son las consecuencias que van a acarrear a la persona esa incapacidad para conocer sus propias emociones y la de los demás. Profesionalmente no afecta, a no ser que trabaje en algún ámbito muy concreto que requiera de especial sensibilidad con las personas, como cuidando niños o a enfermos. A nivel personal puede provocarle frustración y desconcierto por no comprender muy bien ciertas situaciones sociales que suceden a su alrededor. A nivel emocional, es como un caos en su interior, que no consigue resolver, sin saber qué siente en cada momento ni cómo manejarlo.

La comunicación es relativamente normal, las personas aprenden a usar estrategias en donde no evidencien sus limitaciones, eso no quiere decir no las tengan. Para algunos de su entorno, la persona puede parecer fría y distante, pero lo que le caracteriza es que la vivencia y la expresión de las emociones son inadecuadas, ya que puede estar en un funeral y no entender por qué los otros lloran, o en una fiesta y no sentir ni compartir la alegría de los demás. Las personas de su alrededor se acaban acostumbrando, y no le dan importancia, algo que por otro lado perjudica que pueda requerir ayuda profesional para superarlo. Como en algunos casos se trata de una incapacidad neuronal, por lo que cualquier expresión emocional va a estar desdibujada, aunque se puede aprender a corregir, de ahí los tratamientos diseñados para ello.

Entre una de las consecuencias más evidentes, a la vez que silenciosas es con respecto a las enfermedades psicosomáticas asociadas a altos niveles de alexitimia como en el caso de la Hipertensión. Indicar que existen dos tipos de hipertensión, la primaria o esencial y la secundaria, la primera, que es más común, está relacionada con el sobrepeso, la diabetes, estados ansiosos, y la ingesta de sal, alcohol o tabaco. Mientras que la secundaria, es producto de otros "achaques" que afectan a la salud, tal como enfermedades renales, trastornos del sistema endocrino, problemas congénitos o iatrogenia. Además, hay que tener en cuenta que la presión arterial aumenta con la edad, debido a la pérdida de la elasticidad de las arterias con el paso del tiempo; igualmente la presión no es estable a lo largo del día, sino que varía de hora en hora y en función de la actividad que se esté desempeñando. El tratamiento de los problemas relacionados con la presión arterial se centra en tres aspectos:

- Hábitos saludables de vida, entre los que se incluye la pérdida de peso en las personas que sufren de obesidad, ejercicios moderados, dieta que incluya fruta y verdura, abandonar el alcohol, el tabaco, café, sal y alimentos ricos en grasas saturadas y colesterol.

- Intervención farmacológica con diuréticos, beta bloqueadores o bloqueantes de canales de calcio.

- Intervención psicológica, orientada a combatir las situaciones de estrés diario y a la consolidación de hábitos saludables de vida.

-Desde la perspectiva psicosomática, las personas hipertensas están más relacionadas con la hostilidad contenida que, con la ansiedad, empeñadas en luchar contra sus sentimientos agresivos que es incapaz de expresar, sintiéndose siempre amenazada y dispuesta a defenderse.

Además, estas personas van a estar caracterizadas por una escasa valoración de sí mismos, con elevada ambición, miedo constante de no alcanzar sus metas, tendencia a la perfección, y a adquirir responsabilidades. A pesar de su hostilidad, propiciada por ceder hacia los deseos de los demás, como forma de alcanzar los suyos propios y conseguir aceptación social, no es capaz de expresar ésta agresividad, mostrándose comprensivo y afable.

Aunque las consecuencias están ahí, las personas más próximas, especialmente los familiares tienden a infravalorar el problema, considerando que "siempre ha sido así" o que "no hace mal a nadie con esa forma de ser". En cambio, cuando la persona que tiene altos niveles de alexitimia se tiene que enfrentar a situaciones sociales fuera de su círculo más próximo es cuando quedan patente las deficiencias en su ajuste emocional, pero quizás una de las situaciones más problemáticas sea a la hora de entablar y mantener una relación íntima.

Cuando se busca pareja y se inicia una nueva vida de convivencia se tienen que realizar muchos cambios en la vida, tanto en cuanto a independencia personal, como a la hora de preocuparse y mirar por la pareja. Muchos son los motivos que pueden llevar a una pareja a compartir la vida, pero el principal por el que se inicia suele ser el del enamoramiento, y sobre el cual se va construyendo un proyecto de vida en común, pero ¿Qué consecuencias conlleva tener altos niveles de alexitimia una relación de pareja?

Un estudio realizado por el Instituto Mexicano del Seguro Social cuyos resultados han sido publicados en la revista científica Investigación en Psicología trata de comprobar estos efectos analizando a diez jóvenes parejas heterosexuales, universitarias, con edades comprendidas entre los veintidós y veinticinco años, sin antecedentes de problemas psiquiátricos. A todos ellos se le administró la forma traducida al español del T.A.S.-26 para explorar el nivel de conflictividad y de expresión de las emociones dentro de la pareja.

Los resultados informan de las mujeres tienen mayor número de quejas con respecto a la relación de pareja que los hombres, en cambio estos, presentan mayores niveles de alexitimia que las mujeres. Los autores del estudio señalan esta aparente contradicción de los datos, y lo atribuyen a que los altos niveles de alexitimia de los hombres, no sólo va a crear una mayor conflictividad en la pareja, sino que por su escasa sensibilidad a la hora de percibir las emociones de los demás, no va a darse cuenta de esa conflictividad. Siendo la mujer quien va a sufrir doblemente, por la propia falta de empatía expresada por el hombre, así como por su falta de consciencia sobre los problemas de pareja, lo que la puede provocar sensaciones de incomprensión, que no van a hacer si no minar aún más la convivencia de la pareja.

Por estos mismos motivos, la persona con altos niveles de alexitimia, no va a ver la necesidad de acudir a terapia de pareja, cuando el nivel de convivencia se ha deteriorado mucho, o a aumentado considerablemente la conflictividad en la misma, siendo la mujer quien va a ver la necesidad de buscar algún tipo de solución, que en algunos casos puede llegar a la disolución de la pareja por "incompatibilidad entre ambos".

Capítulo 6. Bases Neuronales de la alexitimia

La alexitimia no es una enfermedad, ni de un trastorno, sino que es un rasgo de personalidad que hay en todos en mayor o menor grado, tal como sería con el psicoticismo o el neuroticismo de la teoría de Eysenck. Mientras que otros modelos teóricos defienden que se trata de un carácter de la personalidad cualitativo, es decir, se tiene o no o se tiene, y que afecta a una de cada diez personas, por lo que es más frecuente de lo que se suele pensar.

En ocasiones es término se suele confundir con el de lexitimia, es decir la falta de sentimientos o sensaciones, donde la persona, simplemente no experimenta ningún cambio en su emotividad interna, aspecto que se referiría más a una alteración neuronal o nerviosa, que se diferencia de la alexitimia por que la persona sí siente como los demás, pero es incapaz de ponerle palabras y de responder adecuadamente las demandas emocionales del ambiente.

También se suele confundir con la anhedonía, es decir, la falta consecución de "placer" por aquellos aspectos que antes sí lo generaban; siendo una de estas características del trastorno del estado de ánimo por Depresión Mayor. La anhedonía supone un estado anterior "normal" de "placer" que se pierde. En la alexitimia no existe ese estado "anterior" de emotividad normal que se pierde. Y aunque la causa exacta de la alexitimia no se conoce, aunque se apunta que puede tener un importante componente genético; y a las personas que "nacen" con ello, les acompaña durante toda su vida.

Se ha comprobado que los que tienen altos niveles de alexitimia van a mostrar mayores dificultades para relacionarse con los demás, debido a que se suelen usar las "claves" emocionales para casi todos los aspectos en la vida cotidiana. A pesar de lo "poco" que se conoce, se ha comprobado cómo existe una mayor correlación de las personas con altos niveles de alexitimia con ciertos trastornos psicosomáticos. Además, suelen estar relacionados con otros rasgos como la autoexigencia, la falta de asertividad y una baja autoestima, que conforman la personalidad tipo D, que tienden a sufrir mayor número de casos de trastornos emocionales, úlceras pépticas, trastornos vasculares como hipertensión o cardiopatías isquémicas.

Un conjunto de estudios realizados por la Universidad de Tohoku (Japón) cuyos resultados han sido publicados en la revista científica BioPsychoSocial Medicine, ha permitido conocer los mecanismos cerebrales implicados en la alexitimia, pero el estudio va más allá afirmando haber encontrado también la explicación de por qué estas personas con altos niveles de alexitimia sufren más enfermedades psicosomáticas como las anteriormente comentadas. En dicho artículo se mencionan hasta tres estudios diferentes, empleando todos ellos técnicas de imaginería cerebral, combinando los datos de la r.C.B.F. (siglas en inglés de Modificación del Flujo Sanguíneo) con P.E.T. (siglas en inglés de Tomografía de Emisión de Positrones), en donde se evaluaba el procesamiento socio-afectivo, la sensibilidad a las propias emociones y la toma de decisiones, ya que son estos los tres campos en los que mayores diferencias se han encontrado en la literatura científica entre las personas con altos y bajos niveles de alexitimia.

Los resultados indican que en el caso del procesamiento socio-afectivo, la menor "habilidad" mostrada por las personas con altos niveles de alexitimia se deben a que su cerebro muestra una menor activación en la d.A.C.C. (siglas en inglés de Corteza Cingulada Anterior) y en la ínsula anterior y por tanto un procesamiento emocional más "débil"; en el caso de la sensibilidad a las propias emociones, el segundo estudio mostró unos niveles más elevados, con sobreactivación de las regiones del tronco cerebral, ínsula posterior y A.C.C. (siglas en inglés de Corteza Cingulada Rostral), acompañado de respuestas autónomas más fuertes; el último estudio sobre la toma de decisiones muestra una mayor activación de los ganglios basales y una menor de la corteza prefrontal.

Todo ello da muestras de un procesamiento cerebral diferente, que lleva a la persona que tiene altos niveles de alexitimia a tener una vivencia emocional externa "distorsionada", lo que va a motivar cambios en su comportamiento y en sus relaciones sociales; a la vez que la vivencia emocional interna está sobreactivada, lo que explicaría, según los autores de éste estudio, que estas personas presenten más casos de trastornos psicosomáticos, ya que el cuerpo se convierte en el vehículo de "expresión" de sus emociones.

Capítulo 7. Alexitimia y Enfermedades Psicosomáticas

Actualmente existe una corriente médico-psicológica que plantea que las enfermedades físicas y psíquicas están íntimamente relacionadas, y que no se da una sin la otra. En el caso de las personas con altos niveles de alexitimia, la incapacidad de expresarse a través de palabras hace que sea más fácil que lo haga mediante el cuerpo somatizando. Las emociones forman parte del ser de cada uno, y sirven para experimentar, pero también para expresar necesidades, deseos e incluso miedos. En ocasiones cuando la persona se ve imposibilitada para expresarse de otra forma, usa el propio cuerpo para hacerlo. Los caracteres de la personalidad definen cómo es cada uno y cómo es su comportamiento ante los demás, la alexitimia es una característica de personalidad que puede observarse en personas, que a su vez están más expuestas a sufrir determinadas enfermedades psicosomáticas.

La característica principal de los Trastornos somatomorfos, como también se denomina a las enfermedades psicosomáticas, es la presentación repetida de síntomas físicos, junto con solicitudes persistentes de exámenes médicos, a pesar de que los hallazgos sean repetidamente negativos y de que los médicos hayan reafirmado que los síntomas no tienen fundamentos físicos. Si es que existen algunos trastornos físicos, éstos no llegan a explicar la naturaleza ni la magnitud de los síntomas ni la aflicción y la preocupación del paciente. Uno de los aspectos más difíciles a la hora de tratar las enfermedades psicosomáticas es el establecimiento de un claro diagnóstico. Primeramente, hay que alcanzar la distinción entre este tipo de enfermedades y otras de origen médico o psicológico, con posterioridad se aportan las claves necesarias para conseguir un diagnóstico diferencial de otra sintomatología "parecida".

El interés del estudio por lo psicosomático parte desde el área clínico como una interrogante ante determinados síntomas de los que no se encontraban un origen médico, surgiendo la idea de que el organismo (soma) podía estar viéndose influido por la mente (psique) de la persona; pero por supuesto debería de ser una "psique enferma". Con ello se aceptaba algo que hasta ese momento había sido desechado, y es la estrecha vinculación entre la mente y el cuerpo, y su interdependencia, de forma que si uno enfermaba lo hacía el otro, y al revés; precisándose de una intervención desde una perspectiva holística de la persona. Por tanto, existen tres tipos de afecciones posibles en el paciente, las enfermedades físicas; los trastornos psíquicos o psiquiátricos y los trastornos psicosomáticos; pero se ha podido comprobar cómo algunas enfermedades físicas tienen efectos psicológicos; al igual que algunas enfermedades psíquicas tienen efectos físicos; lo que ha llevado a algunos profesionales a defender la idea de que todas las enfermedades, tanto físicas como psíquicas son trastornos psicosomáticos, ya que en mayor o menor medida se van a ver afectados aspectos físicos y psíquicos del paciente. Aportaciones que han sido corroboradas desde los más recientes estudios sobre la P.N.I.E. donde se aborda precisamente las relaciones de interdependencia entre los aspectos que influyen en la salud, como es el sistema inmune, donde participa también el sistema nervioso, el endocrino y la psique.

Actualmente el papel de lo psicosomático se restringe a lo que se conoce como trastornos somatomorfos o síntomas somáticos médicamente inexplicados, cuya característica principal es que se producen síntomas físicos sin que medie una enfermedad médica que lo explique. Desde la perspectiva Psicosomática, existe una trasferencia desde la parte psíquica, que es expresada en el organismo, mediante esa afectación física. Quizás parece más claro que se de ésta relación, en los más pequeños frente a los adultos. Los bebés, debido a su inmadurez cognitiva y a una evidente limitación de vocabulario, no tienen demasiadas herramientas para expresarse, así pues, acompañando a los balbuceos y lloros, emplean como medio de expresión la sintomatología somática, con lo que reflejar sus deseos y demandas. En cambio, a medida que se crece y se adquieren nuevas experiencias, se van desarrollando habilidades cognitivas y lingüísticas con los que expresar los sentimientos y deseos. Es por ello, que a veces le cuesta "comprender" al profesional sanitario, que exista cierta sintomatología física en adultos, que sea debida a una "inexpresividad" de algún trauma inconsciente tal y como se defiende desde el psicoanálisis. En adultos, la alexitimia, parece ser la responsable de ésta "incapacidad" de comunicar sentimientos verbalmente.

Con ésta aproximación de la alexitimia a los trastornos psicosomáticos, se abandona la función simbólica de los síntomas, defendido por parte del psicoanálisis; postulándose que es consecuencia de un déficit en los procesos de "mentalización", es decir, por una incapacidad para "trabajar" con sus propias emociones, identificándolas y expresándolas de "forma sana". Adoleciendo los pacientes, de estos recursos, buscan cómo expresarse usando para ello la vía de la "somatización" de las emociones a través del organismo.

La necesidad de una intervención terapéutica orientada a educar su vida emocional, aprendiendo a identificar y expresar sus propios sentimientos y a comprender los que expresan los demás. Se basa tanto en una intervención a nivel cognitivo, como emocional, en donde se pretende que la persona sea capaz de empezar a manejar su vida emocional, tratando de reducir los elevados niveles de alexitimia, para potenciar otros rasgos de personalidad que sean más apropiados para las necesidades de la persona, y que sirvan además como factor de protección contra las enfermedades psicosomáticas que llevan asociados los individuos que exhiben altos niveles de alexitimia.

-Taylor defiende la aparición de determinadas expresiones psicosomáticas, en la propia función de la incapacidad de expresarse de otra forma. Es decir, el cuerpo se convertiría en el portavoz de lo que la persona no dice. Desde esta perspectiva no tiene sentido tratar la enfermedad psicosomática por sí mismo, ya que lo único que haría es reducir la sintomatología, pero al no haber enfrentado la causa de la enfermedad, esta se volverá a expresar con los mismos síntomas o con otros.

-Ruesch por su parte habla de una "personalidad infantil" cuando se refieren a la alexitimia, ya que el mecanismo de expresión del cuerpo en vez de emplear las palabras y las emociones, es similar al que emplean los bebés cuando todavía no son capaces de poner palabras a su necesidades y deseos.

Desde esta perspectiva, lo más importante no es tanto el síntoma, sino su origen, es decir, ayudar y permitir a la persona que explore sus propias emociones y que aprenda expresarlas de forma sana con palabras.

Una tarea que parece sencilla, pero para lograrlo va a tener que superar muchas trabas, siendo la primera de ellas, el que la propia persona en muchas ocasiones es incapaz de darse cuenta de que necesita el tratamiento para mejorar su vida.

Dependiendo de la perspectiva que se emplea para acercarse a las enfermedades psicosomáticas, se habla de que la sintomatología va a tener una simbología detrás o no, por ejemplo, si una persona muestra una ligera cojera, que es cada vez más pronunciada cuando tiene que acudir a actos públicos, desde la perspectiva simbólica se interpreta, como que la persona realmente no quiere ir, y que su cuerpo lo expresa poniendo impedimentos para hacerlo. Desde la perspectiva menos simbólica, se trata de hacer evidente a la persona de que algo en su organismo no funciona correctamente, y de que esto se agrava cuando acude a esos actos públicos, y basado en esa relación, tratar de explorar las emociones que eso le provoca y cómo expresarlo de forma sana con palabras y no a través de enfermedades psicosomáticas.

Aunque no se puede establecer que todas las personas que tienen altos niveles de alexitimia van a padecer enfermedades psicosomáticas, sí es cierto que existe una mayor probabilidad que entre aquellos que no tienen esa característica de personalidad; e igualmente entre los pacientes tratados con enfermedades psicosomáticas se ha observado que entre el 25% al 50% de los mismos mostraban altos niveles de alexitimia.

Un ejemplo de la relación entre la alexitimia y las enfermedades psicosomáticas se puede encontrar en el caso de la colitis ulcerosa, que es una inflamación con ulceraciones de la última sección del sistema digestivo, el colon y el recto; acompañado de dolor abdominal y diarreas, en algunos casos con sangrado, que a su vez puede provocar anemia, cansancio severo, pérdida de apetito y de peso. Todavía se discute cuál es la causa de ésta enfermedad, que suele estar arraigada a un importante componente hereditario o bien a:

- Infección bacteriana específica, tal y como sucede en los casos del ulcus gástrico.

- Alteraciones en el funcionamiento del colon:

- Desajustes vasculares de la membrana basal de la mucosa cólica.

- Producción excesiva de enzimas.

- Hipersensibilidad de la mucosa a determinados alimentos como la leche.

Se trata de una enfermedad autoinmune, donde se estimula una producción de anticuerpos que atacan a la pared cólica; aunque todavía no se tiene muy claro si se trata de un efecto o una consecuencia de la enfermedad. Por lo tanto, la colitis ulcerosa está muy relacionada con el correcto funcionamiento del sistema inmune, el cual, como se conoce la persona pasa por una fase de inmunodepresión cuando está presente una vivencia de estrés, ya sea ésta interna o externa.

Actualmente no existe cura más allá de combatir los síntomas, a través de farmacología, antiinflamatorios o inmunoreguladores; o bien extirpar mediante intervención quirúrgica la parte afectada; pero como en otras enfermedades el componente psicológico del estrés juega un papel fundamental en el mantenimiento y agravamiento de los síntomas, estando todavía en discusión su relevancia como desencadenante y por lo tanto la causa de ésta enfermedad. Igualmente, los aspectos psicológicos van a jugar un papel en el alivio y mejora de las sensaciones asociadas a la sintomatología de la colitis ulcerosa.

A pesar de que el papel de la psicología parece más destacable en el mantenimiento, agravamiento e incluso tratamiento de ésta enfermedad, algunos autores la han relacionado con determinadas características de personalidad en que sería más frecuente que apareciese. Estas personas serían más susceptibles a la opinión de los demás, especialmente vulnerables al rechazo, con dificultad para expresar los sentimientos y demandas personales (alexitimia), con baja autoestima, timidez y gran dependencia de los demás, sobre todo a nivel emocional. Igualmente se muestran escrupulosamente ordenados, limpios y responsables; con marcada tendencia a la obediencia y el conformismo, obstinados, con dificultades para decidir; con excesiva "intelectualización" de su vida emocional. Llevando una vida social dominados por una estricta moral, donde no tiene cabida la exacerbación de las emociones (dado también por su timidez), con carencia de sentido del humor. Estas personas tienen una excesiva dependencia de aprobación de los demás, lo que les lleva a manifestaciones de amabilidad excesiva y casi de sumisión.

En algunos casos, los pacientes de colitis ulcerosa, muestran una tensión constante, debido al miedo al rechazo o a las actitudes negativas de los demás, como reproches o desplantes, que le lleven a un enfrentamiento. Siendo la respuesta más habitual la de acatamiento de las normas sociales y sumisión a los demás; o, todo lo contrario, es decir, se presentan como personas orgullosas, distantes e incluso arrogantes, como forma de mantener las distancias y evitar el conflicto. Dualidad que también se halla en otras características, como el del orden y la limpieza, pudiendo encontrar a pacientes, excesivamente cuidados y pulcros, mientras otros son desordenados, poco aseados y con actitudes hostiles ante el ambiente; pero en ambos casos los pacientes son inseguros, llenos de angustia, con sentimientos de inferioridad y con una sensación de estar en deuda con los demás, actuando en busca de referentes que le den seguridad. Aspectos que contrastan con un logrado estatus profesional, sobre todo en aquellas actividades que requieren de mayor intelectualidad, estando bien considerado por sus compañeros gracias a sus cualidades y moralidad.

Con respecto a su vida íntima de pareja y sus relaciones interpersonales más próximas, estas se basan en cuestiones prácticas y no tanto a sentimientos de amor, en el caso de la pareja, o de simpatía y amabilidad en el caso de los compañeros y amigos. Con un exceso de apego a las figuras de referencia, que generalmente son los progenitores, que usan como referentes para tomar cualquier decisión.

Hasta ahora la creencia más extendida avalada por algunos estudios era sobre la igualdad en la motivación que llevaba tanto a hombres como a mujeres a buscar pareja. El amor romántico, la pareja duradera, la compatibilidad de gustos y caracteres... son signos en que se fijan tanto hombres como mujeres a la hora de enfrentarse a la difícil situación de buscar pareja, pero ¿Es esto lo más importante?

Según el profesor Li de la Universidad de Gestión de Singapur (Singapur) basándose en los resultados de su investigación cuyos resultados han sido publicados en la revista científica Journal of Personality and Social Psychology, lo primero que tienen en cuenta las mujeres es el estatus social del hombre, desechando aquellos que tienen un nivel bajo, pudiendo optar a ser pareja los de nivel medio y alto, es decir, una vez que se supera ésta primera "criba" empiezan a entrar en juego todas las demás valoraciones anteriormente comentadas, el amor romántico...

En cambio, en el caso de los hombres, ellos se fijan primero en la belleza "externa", descartando aquellas que consideran que tienen un nivel "bajo", siendo posibles candidatas las que tienen un nivel medio o alto, igualmente que, en la mujer, ahora jugarían esas otras cualidades que determinan qué tipo de pareja quiere.

Aunque no existe un consenso en cuanto a cuál es la mejor pareja para uno, pues depende muchos factores, ya no sólo del gusto de cada cual, sino también de sus experiencias anteriores y expectativas futuras, a pesar de ello, todos y todas parecen realizar un primer "filtrado" de los candidatos, simplificando así la decisión.

Aclarar que, como características especiales de éste estudio, es que se llevaron a cabo mediante análisis de chats y de citas rápidas; en ambos casos una persona que está buscando pareja se encuentra con varios candidatos, durante un tiempo limitado, y al final debe de identificar entre todos ellos a cuál o cuáles elegiría como una futura pareja indicado los motivos de su elección.

La investigación aporta como innovación, que incorpora un grupo de nivel económico bajo al estudio, aspecto que omiten los resultados previos donde se analizan a grupos homogéneos de pretendientes.

Una de las características destacable es precisamente la metodología empleada para el estudio y que podría explicar por qué se hallan resultados diferentes y contrarios a los ya establecidos.

El escaso tiempo de conversación con una persona hace que se prime el valor de la primera impresión, es decir, la persona que busca pareja debe de fijarse en unas pocas características del pretendiente y formarse una imagen global de la misma, y a partir de esos pocos datos considerarlo un candidato adecuado o descartarlo.

Esto que puede sonar novedoso, es precisamente lo que se lleva a cabo en una entrevista de trabajo, donde el entrevistador tiene que ver a veces a decenas de candidatos y de todos ellos quedarse con unos pocos para una segunda entrevista o directamente seleccionar al definitivo.

Pues bien, en estas circunstancias con una demanda temporal acuciante, se limita el análisis a las características más destacadas, como nivel de seguridad en un mismo, entonación, forma de sentarse o de vestir, todo lo cual va a conformar rápidamente esa primera impresión que va a determinar si el candidato consigue el puesto de trabajo o no.

Según esta investigación, la primera impresión del hombre y la mujer se rigen por claves diferentes, haciendo mayor hincapié en la belleza, en el caso de los hombres, y del estatus económico, en el caso de la mujer. Aunque en la vida diaria, afortunadamente cuando se conoce a una posible pareja, con la que se tiene una primera impresión, con posteriores encuentros, esa imagen global, se va a ir perfilando, descubriendo nuevas cualidades e identificando carencias de dicha persona, lo que al final sí va a determinar si se convierte o no en pareja.

Capítulo 8. Alexitimia y Trastornos Psicológicos

La alexitimia está relacionada principalmente con los Trastornos del Estado de Ánimo, esto es, aquellos en que la parte emocional está muy involucrada, como en el Trastorno de Depresión Mayor, pero también en los Trastornos de Ansiedad, Trastornos de la Conducta Alimentaria, Trastorno del Espectro Autista, Juego Patológico y Abusos de Sustancias.

En el caso de los Trastornos de la Conducta Alimentaria, incluso ya en los años 60 se hablaba que las madres alexitímicas podrían tener hijas anoréxicas, es decir, sería una consecuencia de una crianza inadecuada por parte de la madre. La anorexia nerviosa, es una enfermedad donde se produce una reducción en la cantidad de alimentos ingerida de forma voluntaria, que llega a poner en riesgo la salud de la propia persona. Esta enfermedad está encuadrada dentro del grupo de los trastornos psicológicos de la alimentación, donde se produce una excesiva pérdida de peso, pudiendo llevar al paciente a un estado de malnutrición y en los casos más extremos hasta el fallecimiento.

En ésta enfermedad, que se inicia a partir de la pre-adolescencia, existe un componente hereditario y hormonal, pero la causa más importante es el componente psicológico, sustentado por un miedo intenso a aumentar de peso, lo que le lleva a restringir su comida, sometiéndose a dietas y ejercicios excesivos. Además, es frecuente que utilicen diuréticos, enemas y laxantes; teniendo un peor pronóstico cuando han existido casos de problemas de alimentación o trastornos de ansiedad durante la infancia. Entre los síntomas que conlleva ésta enfermedad, están los propios de la malnutrición, pérdida de grasa corporal, de peso, debilidad ósea, boca seca, atrofia muscular y piel amarillenta.

En el campo de lo psicológico, el paciente tiene pensamientos confusos, con problemas de memoria y depresión. El tratamiento de ésta enfermedad hay que realizarle principalmente desde el punto de vista psicológico, siendo necesaria también la intervención médica para paliar las consecuencias negativas de la malnutrición, así como para tratar farmacológicamente estados depresivos y de ansiedad que suelen acompañar a ésta enfermedad.

Dentro del abanico de posibilidades terapéuticas empleadas en la intervención psicológica, se destaca la terapia cognitivo conductual, ya sea aplicada de forma individual, en familia o colectivamente (grupos de apoyo).

A través de ésta terapia se trata, primeramente, que el paciente reconozca su enfermedad, así como la necesidad de buscar soluciones, igualmente se trabaja sobre los hábitos saludables de alimentación, estableciendo normas con respecto al horario de comer, limitando el ejercicio físico y aprendiendo a combatir los pensamientos negativos que mantienen dicho comportamiento.

Algunos autores han apuntado al papel de la influencia social, sobre todo de aspectos estéticos, como la moda, al origen de éste desorden psicológico, las personas de referencia de éxito social son modelos delgados, que normalmente "presumen" de su figura gracias a una determinada dieta y a realizar mucho ejercicio. Otros hacen referencia a un origen intrafamiliar, inicialmente denominadas familias anorexigéneas, caracterizadas por ser fusionadas, rígidas, dedicadas al auto-sacrificio y a la lealtad grupal. Familias que tienden a evitar la conflictividad, no solucionando los problemas que se generan, sino ignorándolos, lo que incrementa las tensiones internas. También se ha señalado, que su origen no se debe tanto al tipo de familia, sino a cómo se viven las relaciones dentro de la misma, constatándose una importante diferencia entre la vivencia de los progenitores y de los hijos. Igualmente ha sido relacionada la aparición de ésta enfermedad, con la figura de una madre perfeccionista y un padre periférico o ausente, donde existe gran dificultad para la comunicación, con excesiva lealtad y dependencia familiar.

También se ha llegado a relacionar la alexitimia con el Autismo, basado en que una de las características de los niños con autismo es la diferencia en el procesamiento emocional, pero aún quedan muchas cuestiones por resolver al respecto. Donde los niños autistas tienen problemas evidentes de comunicación, pero estos no se circunscriben a la formación y entendimiento del lenguaje, sino también a la comunicación emocional, la cual es aún más compleja, ya que involucra tanto un cambio de tonalidad o prosodia del lenguaje además de una gran carga emocional del lenguaje no verbal, especialmente en el rostro. Estos pequeños desde muy temprana edad muestran diferencias en el procesamiento del rostro humano, prestando el mismo nivel de atención tanto si el rostro está en una posición correcta (cejas arriba, nariz en medio y labios abajo) como si está boca abajo (labios arriba, nariz en medio y cejas abajo), en cambio los niños con un desarrollo "normal" reconocen antes el rostro cuando la cara está en su posición correcta. Algunos autores hablan de un déficit a la hora de "conjuntar" los distintos elementos del procesamiento emocional, que por separado parecen ser capaces de distinguir correctamente, lo que haría que estos pequeños estuviesen en "desventaja" a la hora de comprender las emociones de los demás y con ello se viese limitado en sus interacciones.

Esto es así porque el mundo emocional es fundamental para el desarrollo en sociedad, pues es lo que permite desarrollar sentimientos de unidad, de pertenencia al grupo y de empatía entre otros. Es por ello que sea tan importante la investigación sobre las emociones en los pequeños de trastorno de espectro autista, para poder establecer un tratamiento oportuno que enseñe y compense las deficiencias en el desarrollo, y especialmente en el aspecto emocional.

Al menos así lo trata de averiguar un estudio realizado por la Universidad de Kioto (Japón) cuyos resultados han sido publicados en la revista científica Frontiers in Psychology. En el estudio participaron cuarenta y dos pequeños, con edades comprendidas entre los 8 a 12 años, veinte de ellos con diagnóstico de Desorden del Espectro Autista y el resto con un desarrollo "normal". En el estudio se utilizó la actual clasificación del D.S.M.-V, pero informa del número de casos que incluye con la clasificación anterior donde no se había unido en una sola categoría diagnóstica los distintos subtipos de este trastorno del desarrollo. Tres de los niños sufrían Trastorno Generalizado del Desarrollo, nueve tenían diagnóstico de Trastorno de Autismo, cinco de Trastorno de Asperger, dos de Trastorno Autista con alto desempeño y uno de Trastorno del desarrollo no especificado.

A todos los participantes se les mostraron dos series, una de imágenes de rostros para que identificasen su emoción y la segunda dónde estaba la imagen de la cara entre otras imágenes (tarea de búsqueda-reconocimiento). Los resultados informan que, en la tarea de identificación del rostro, ambos obtuvieron resultados parecidos, siendo las emociones de enfado (emoción negativa) las que más rápidamente se detectaron.

Con respecto a la segunda tarea, que implicaba un procesamiento más complejo, la ejecución de los autistas fue muy superior al de los niños de la misma edad con un desarrollo "normal" en cuanto a la identificación de las caras enojadas, sin atender a que estas se mostrasen en su correcto orden o invertidas. Aunque estas diferencias en el procesamiento de las emociones positivas frente a las negativas ya se habían encontrado en sujetos con un desarrollo "normal", entendiendo que es un rasgo heredado de los antecesores de las "cavernas", el procesar más rápido los estímulos negativos y que pudiesen entrañar algún tipo de peligro para el sujeto, para dar una respuesta lo antes posible, el haberlo observado también en niños autistas es novedoso.

También en el ámbito de los trastornos del comportamiento, se ha relacionado la alexitimia con el mundo de las adicciones, ya que se ha visto que este es un factor que acompaña en adultos al consumo excesivo y continuado de alcohol, pero ¿Afectará de igual forma a los más jóvenes?

El problema del consumo de alcohol se inicia cada vez temprano en la población, haciendo que sus efectos tanto físicos como psicológicos sean más severos, debido a que el organismo está todavía en etapas tempranas de formación. Desde el punto de vista psicopatológico, el consumo excesivo y continuado de alcohol está asociado con desórdenes comportamentales, T.D.A.H., intentos de suicidio, desórdenes del estado de ánimo, como depresión o ansiedad, además de desórdenes de la conducta alimenticia, como la bulimia y en los casos más graves la esquizofrenia. Entre los elementos que parecen relacionarse con el consumo de alcohol en adultos, está la presencia de alexitimia, como característica de personalidad, definida ésta por la existencia de una inhibición para expresar y compartir con otros las emociones y vivencias personales. Estas personas suelen sentirse cohibidos a nivel social, empleando el alcohol como forma de desinhibirse, y relacionarse con sus semejantes, cosa que de otra forma no sería capaz de hacer, pero ¿Qué pasa en los jóvenes?, ¿Es la alexitimia un buen predictor de su conducta frente al alcohol a ésta edad?

Estas son las cuestiones que han llevado a realizar un estudio en el Hospital Universitario de Padua (Italia) cuyos resultados han sido publicados en la revista científica Neuroscience & Medicine. Para ello se empleó una muestra bastante amplia, de tres mil quinientos cincuenta y seis jóvenes, con edades comprendidas entre los 11 a 18 años, los cuales respondieron tres cuestionarios. El primero sobre la escala de alexitimia para niños, el segundo sobre el consumo de alcohol, y por último un cuestionario de auto informe para jóvenes para detectar la presencia de psicopatologías. Los resultados informan de una relación entre estos tres factores, lo que supone que altos niveles de alexitimia haría que los jóvenes estuviesen más dispuestos a consumir alcohol, a la vez que es más probable que aparezcan psicopatologías. Relación sobre la que ya existía bibliografía en adultos y que apuntaban hacia la misma relación entre el consumo de alcohol y la presencia de la alexitimia como factor de personalidad.

Ésta clara dependencia encontrada a los 11 años, no se ha hallado en edades superiores, a medida que se acercan a los 18 años. Lo que supone una buena noticia, en el sentido de que a medida que se crece, se va teniendo más libertad de elegir, sin depender tanto de las tendencias internas de cada uno. Además, el desarrollo del joven, tanto a nivel físico como psicológico, parece ser un factor de protección para el desarrollo de psicopatologías provocadas por el consumo excesivo y continuado de alcohol. Por su parte, los autores del estudio, advierten de la vulnerabilidad de los más jóvenes al consumo de alcohol y a padecer psicopatologías, cuando tienen altos niveles de alexitimia, defendiendo la necesidad de crear programas especiales de prevención para los más jóvenes que inician en ésta edad los primeros contactos con el alcohol, evitándoles así consecuencias físicas y psicológicas tan importantes.

El T.D.A. (Trastorno por Déficit de Atención con o sin hiperactividad), suele acompañar a quien lo padece durante el resto de su vida, aunque sus síntomas pueden ser controlados mediante medicación.

Estas personas además de tenerse que enfrentar a su falta de concentración, a su mala memoria de los hechos más recientes, o a su continua distracción por cualquier ruido o incluso los propios pensamientos.

Eso le va a generar frustraciones, ansiedad, e incluso sentimientos de aislamiento, al no poder compartir y convivir como el resto.

Sentimientos que se van a acentuar especialmente en la adolescencia, donde los demás juegan un papel fundamental en cómo se ven ellos mismos.

A pesar de ello se tienen que enfrentar a los sentimientos de los demás, algo que no les resultaría nada fácil, si además padecen de alexitimia, definida esta como la incapacidad para comprender y expresar adecuadamente las propias emociones, y también para entender las emociones en los demás y responder adecuadamente a las mismas.

La alexitimia se considera un tipo de personalidad, es decir, define cómo se ve, se siente y se expresa la persona, consigo mismo y con los demás.

Al respecto se ha encontrado evidencia de su presencia en determinaras psicopatologías, como en el Trastorno de Espectro Autista, o en algunos trastornos de la conducta alimentaria como la Anorexia, pero ¿Está relacionado el T.D.A. con la alexitimia?

Esto es precisamente lo que trata de averiguarse desde la Universidad Mohaghegh y la Universidad Azad (Irán) cuyos resultados han sido publicados en la revista científica Zahedan Journal of Research in Medical Sciences.

En el estudio participaron noventa y cuatro estudiantes, con edades comprendidas entre los 13 a 15 años, la mitad de ellos tenían el diagnóstico de T.D.A., mientras que el resto no, conformando así el grupo control.

A todos ellos se les administraron cuatro pruebas estandarizadas, una escala de T.D.A. para comprobar la adecuada pertenencia a cada grupo mediante pruebas ad-hoc, la T.A.S.-26, para evaluar la presencia de alexitimia en los participantes, además se administró el S.O.C. (siglas en inglés de Sentido de Coherencia) y una sobre la satisfacción de la vida mediante la S.W.L.S. (Satisfaccion With Life Scale).

Los resultados muestran diferencias significativas de la alexitimia entre los alumnos con T.D.A. y frente a los que no lo tienen, grupo control, existiendo una mayor afectación de alumnos con alexitimia entre los que padecían además T.D.A.

Hay que tener en cuenta que el estudio ha sido realizado sobre una población con unas características culturales muy específicas, la iraní, por lo que se requiere de nueva investigación, para comprobar si se mantienen los resultados en otras poblaciones.

Igualmente, en el estudio no se identifica cuántos de los participantes eran hombres y cuántas mujeres, variable fundamental, para poder establecer la relación entre el T.D.A. y la alexitimia, sobre todo por las diferencias en cuanto al género halladas en cada una de ellas por separado.

A pesar de las limitaciones del estudio, este abre una innovadora línea de trabajo, para poder ofrecer una nueva forma de intervención sobre los que padecen el T.D.A., mediante una adecuada reeducación emocional, con lo que mejorar los niveles de alexitimia, facilitando así la convivencia con sus semejantes.

La presencia de estos dos problemas conjuntamente no hace sino mostrar la complejidad de este fenómeno y la necesidad de una intervención conjunta, tanto desde la psicofarmacología como desde la psicoterapia, con lo que mejorar la calidad de vida de las personas que viven con T.D.A.

Capítulo 9. Tratando la alexitimia

Los pacientes alexitímicos generalmente acuden a tratamiento presionados por las personas que les rodean, pues son quienes realmente padecen las consecuencias de sus síntomas, por ejemplo, llevados por familiares, que tratan de comprender y sobre todo de buscar ayuda para que la persona sepa expresarse mejor en sus emociones.

En ocasiones acuden a terapias de pareja, tratando de mejorar su situación sentimental, porque la pareja le ha dado un ultimátum para que cambie su actitud, que se decida al compromiso, o al menos que sea detallista en algo y exprese su cariño de alguna forma. Sea el camino que sea que conduzca a la persona con altos niveles de alexitimia a consulta hay que tener en cuenta, que para ella no existe la dificultad, que rápidamente se puede confirmar con expresiones como, "No veo el problema de ser como soy", o "No todos debemos ser iguales, yo te quiero a mi modo".

Esto sin duda va a ser el primer escollo en la terapia, es decir, por mucho que se le lleve a una persona a consulta, si no ve que tiene un problema y no se compromete con la terapia, no va a conseguir ningún cambio en su vida, entre otras cosas, porque ni lo quiere ni lo desea. Es decir, ante la ausencia de motivación personal por el cambio, este no va a llegar, ya que requiere de ciertos ejercicios y compromisos que difícilmente se van a cumplir. En ocasiones la persona se ha construido un micro mundo, donde casi todo es predecible, o, mejor dicho, hay poco que se escape a la rutina, lo que hace que casi no precise de las emociones. Cada día, por ejemplo, va a ir a la oficina, trabajar durante unas horas, ir al café a comentar sobre el fútbol, volver al trabajo, salir del trabajo a casa, comer, descansar, ir al gimnasio, volver, cenar, leer algo y acostarse. En realidad, es un "truco" que se buscan este tipo de personas con altos niveles de alexitimia, con lo que reducir el estrés y la frustración que en ocasiones le provoca no llegar a comprender a los demás, cuando la pareja de varios años le pide "dar el paso al compromiso", o cuando se acerca un evento familiar y todo el mundo está nervioso con los preparativos.

Cuanto más cómodo sea ese micromundo, donde se mueve la persona, y más seguro se encuentre en este, será más difícil que funcione la terapia, ya que la persona se siente cómoda en su condición y no ve la necesidad de cambiar, pues hacerlo supone aceptar riesgos que ha llevado toda su vida evitando. Es decir, hay que sacar a la persona con altos niveles de alexitimia de su zona de confort, en el que se encuentra "segura y tranquila" sabiendo lo que va a suceder, basado en las experiencias previas, como evitar las celebraciones familiares con la excusa del trabajo, no querer celebrar ni el propio cumpleaños, o cambiar de pareja cuando esta "quiere más compromiso", todos estos además son signos evidentes de que la persona está evadiendo sus responsabilidades emocionales, buscando atajos con los que suplir sus propias deficiencias.

Son estas evitaciones, las que al final se van a tener que trabajar, para que la persona sea capaz de salir de su zona de confort para enfrentarse a nuevas circunstancias emocionales, con lo que ir adquiriendo destreza y seguridad en sus avances, pero todo ello dirigido por un profesional, ya que una "mala experiencia" fuera de su círculo de seguridad, no va a hacer si no retraerlo más, y confirmar que "lo de fuera es caótico e incomprensible", perdiendo de esta forma cualquier avance que se haya hecho en terapia. El tratamiento debe contemplar el empleo de técnicas que ayuden al afectado a identificar sus emociones.

Al mismo tiempo se le debe de dotar a la persona de estrategias que le permitan graduar sus emociones en función de la magnitud de los acontecimientos estresantes, revisando su estilo de afrontamiento actual. De esta manera se incrementa el vocabulario emocional del paciente, lo que le permitirá distinguir entre diferentes grados de la emoción según las circunstancias (por ejemplo, puede estar nostálgico, triste, "de bajón" o deprimido). De forma general el tratamiento de la alexitimia se basa en el desarrollo cognitivo de la conciencia emocional. Es decir, el objetivo principal del tratamiento será ayudar al paciente a reconocer y poner nombre a sus emociones. Para ello, el paciente debe aprender a seguir los siguientes pasos a la hora de comprender y regular su emoción:

- Detectar su emoción o las emociones ajenas: "estoy triste".

- Asimilar la emoción: habilidad de tener en cuenta las propias emociones a la hora de llevar a cabo un razonamiento determinado o toma de decisiones. Por ejemplo, debe ser capaz de decir "te hablé así porque estaba enfadado".

- Comprender: entender las diferentes señales emocionales, como la sensación de tensión que anuncia que es está enfadando.

- Autorregular las emociones: mediante el conocimiento de diferentes estrategias de control emocional a través de estrategias psico-educativas (por ejemplo, lecturas) y técnicas de modificación de conducta específicas (por ejemplo, imitando la conducta de una persona que actúe como modelo, entrenamiento en habilidades sociales, etcétera).

Como no es una enfermedad, sino una deficiencia, se puede entrenar para que pueda superarlo, permitiendo que lleve una vida lo más normal posible. Una vez conocidos los objetivos de la terapia, indicar que existen tratamientos específicos para tratar este tipo de deficiencias emocionales, aplicado también en otros problemas del ámbito psicológico, que buscan primero conectar a la persona con sus propias emociones, para que aprenda a saber lo que siente en cada momento, para con posterioridad enseñarle a expresarlo de una manera adecuada a la situación, y tercero aprender a detectar y comprender las emociones de los demás correctamente.

Se trabaja mucho con la práctica del cuerpo, por ejemplo, delante de un espejo, realizando distintas gesticulaciones, de acorde a una instrucción dada, "¿Cómo expresarías una alegría?, ¿Cómo harías ante una mala palabra de otro?", de forma que la persona se dé cuenta de lo que hace y deja de hacer, tratando de ofrecerle alternativas con la que expresarse más de acorde.

Se emplean materiales audiovisuales con los que observar cómo gesticulan y se comportan otras personas, para que le sirva como modelo de comportamiento, para ajustar el suyo al que han visto cuando así lo requiera la situación.

Este es un proceso muy lento de reaprendizaje, sobre todo por la falta de implicación por parte de la persona con altos niveles de alexitimia, que "no ven el problema", por lo que en las primeras etapas casi hay que forzarles a repetir una y otra vez el ejercicio, hasta que se convierte en un proceso automático y natural para ellos. Cuando la persona es capaz de conocer cómo se siente, y dispone de las herramientas para expresarse de forma ajustada a las demandas del ambiente, se produce una especie de liberación, al deshacerse de esa incomunicación con la que ha vivido toda su vida.

En principio la terapia no requiere ningún tipo de medicación, sino de un aprendizaje intensivo en el mundo emocional de la persona. Para ello existen distintas técnicas como el entrenamiento en Asertividad y la Identificación de Emociones propias y de otros, principalmente a través de la lectura de los gestos más sobresalientes del rostro. A pesar de que la terapia está orientada a ser aplicada de forma individual, es interesante la posibilidad de adaptar el tratamiento al formato grupal y combinar ambos modos, ya que mientras el grupo ofrece un ambiente en que los otros evocan y demuestran afectos más pequeños y manejables, en la parte individual se busca activamente el desarrollo de un procesamiento cognitivo más avanzado que el mostrado hasta ahora.

Las técnicas de crecimiento personal son útiles en estos casos, pero para ello primero debe de tener una base en la que sustentarse. Es decir, nadie enseña raíces cuadradas a un niño que no sabe sumar. Por lo que a una persona con altos niveles de alexitimia todo esto puede sonarle como a "chino" porque no tiene la base para ello.

Con respecto a la distinción entre el origen de la alexitimia a la hora de tratarle, se tiene en cuenta por si hay que realizar una intervención más específica, por algún trauma que haya podido quedar latente en el caso un origen de la alexitimia secundario o adquirido, no existiendo mayores diferencias para el resto de la intervención.

El tratamiento va a ir evolucionando a medida que la propia persona vaya comprendiendo y aceptando lo que tiene, o en este caso su carencia, y a partir de ahí vaya cumpliendo con los ejercicios que se le van poniendo.

A medida que progresa, se van incorporando nuevos retos en los que se tiene que enfrentar a situaciones emocionales cada vez más complejas, hasta llegar a un nivel de desarrollo adecuado de su emocionalidad y de las habilidades sociales que conlleva, que sería el fin del tratamiento. El entrenamiento en el tratamiento de la alexitimia requiere de distintas técnicas, en función de qué emoción se quiera trabajar. La más fácil, aunque no sencilla para una persona con altos niveles de alexitimia es la del reconocimiento de gestos a través de la cara. Al principio el entrenamiento consiste en enseñarle a identificar expresiones exageradas de cada emoción, en distintas caras y situaciones, para luego ir suavizando esos gestos, de forma que pueda hacerlo de cualquier persona de su alrededor. Tradicionalmente las emociones se consideran aquello que se recibe del exterior o del interior, información que ha de ser procesada. Esta la tienen lo mismo las personas con altos niveles de alexitimia y el resto.

Los sentimientos son esa interpretación de las emociones, como algo agradable, o desagradable, bonito o feo, bueno o malo, es algo más cognitivo, y es ahí donde fallan las personas con altos niveles de alexitimia, y es en eso en lo que hace su incidencia la terapia. En saber poner palabras a cada emoción, palabras en cuanto a su tonalidad, bueno-malo, en cuanto a su intensidad, leve-grave, y en cuanto a su significado social, adecuado-inadecuado. Uno puede pensar llevar unas flores a una chica que conoce, que sabe que le gustan las rosas, pero si lo lleva a un funeral, es socialmente inadecuado.

Todos estos aspectos se trabajan de forma que la persona vaya adquiriendo habilidades con respecto a sentir sus propias emociones, reconocer sus estados ansiosos, nerviosos, relajados, pero también coléricos o enamorados entre ellos, como primer paso para luego saberse expresar de forma correcta según la persona que se tenga delante y las circunstancias en donde se encuentre, pero las emociones propias no son sino la mitad del "problema", ya que en un mundo eminentemente social, las emociones de los demás, cambiantes y fluctuantes, van a hacer que las personas con altos niveles de alexitimia se encuentren en muchos casos abrumadas y superadas por la situación, llegando a encontrase "fuera de lugar" o desbordado antes un aluvión de emociones que no alcanza a comprender del todo.

Por eso mediante técnicas de role-play también denominada juego de roles, donde el terapeuta trata de expresar distintas emociones en circunstancias normales de la vida del paciente, se le va entrenando a este para que sepa identificarlas adecuadamente. Una tarea que puede resultar fácil, si se piensa en emociones extremas, como una persona llorando o riendo, aunque hay que recordar que cuando uno llora puede hacerlo tanto por tristeza como por alegría, o, por ejemplo, cuando uno ríe, lo puede hacer como consecuencia de un chiste, o por lo que se conoce como "risa nerviosa", es decir, como modo de expresar altos niveles de estrés.

Es en estos matices donde la persona con altos niveles de alexitimia se pierde con facilidad, sin llegar a comprender lo que motiva en el otro a expresarse de esa manera, haciendo que la respuesta que dé en ocasiones sea errónea, por ejemplo, poniéndose triste, cuando son unas lágrimas de felicidad, o poniéndose a reír también, cuando se trata de una risa nerviosa.

Estas incongruencias y la reacción de los demás suelen llevar a la persona con altos niveles de alexitimia a que vaya poco a poco, omitiendo sus expresiones emocionales, ya que, al no conseguir descifrarlas correctamente, son como una ruleta, que puede salirle bien o no, optando por mostrarse como fríos o impasibles ante los sentimientos de los demás, cuando en realidad, se debe a que no saben cómo hacerlo correctamente.

De ahí que cualquier tratamiento dirigido al autodescubrimiento, a conocerse a sí mismo, sus sentimientos y emociones, y cómo expresar estas de forma correcta, esto quedaría cojo y sería insuficiente si no se trabaja también sobre las emociones de los demás. Aspecto en el que sí puede colaborar la familia o pareja, una vez que conocen la existencia del problema, tratando de ofrecer la mayor información posible sobre sus emociones en cada momento con expresiones como "Lloro porque me han gusta mucho las flores", de esta forma se reforzará lo aprendido en terapia y la persona adquirirá mayor confianza en lo que está aprendiendo. Hay que tener en cuenta que la dificultad del tratamiento, es el mismo al que se enfrenta una persona que quiere aprender un idioma nuevo, hay algunos caracteres o palabras que ya los conoce por haberlos visto antes, por ejemplo, las expresiones de alegría o tristeza, que equivaldrían en inglés al uso habitual de los verbos "to go" o "to be".

Para manejar un idioma correctamente, como en el caso del inglés, además hay que saber dónde y cuándo aplicarlo correctamente; teniendo en cuenta de que existen reglas generales y excepciones a las reglas, pues lo mismo pasa con las emociones. En un mundo en el que se está acostumbrado a desenvolver desde chico, apenas se percibe la dificulta de este aprendizaje a la hora de aprender el idioma materno, pero cuando se sale al extranjero es cuando se percata uno de la complejidad del idioma tanto en aprenderlo y en usarlo correctamente.

Pues bien, los familiares o pareja, una vez que conocen que se tiene altos niveles de alexitimia y que se ha puesto en manos de un especialista para superar esta deficiencia en el mundo emocional, a partir de ahí, debería de tratarlo precisamente como un "extranjero emocional", que quiere aprender a expresarse y comunicarse correctamente, por lo que habría que comentar las emociones y explicarlas, con la misma paciencia que se tiene con el extranjero. Sabiendo que a medida que la persona va avanzando en terapia y va teniendo experiencias emocionales claras, va a poder ir mejorar en su expresividad y comprensión de las emociones de los demás, y con ello mejorar en sus relaciones interpersonales y sociales que, en definitiva, es lo que se busca a través de la terapia.

Igualmente, mediante las técnicas de aproximaciones sucesivas, se va a ir ofreciendo experiencias positivas a la persona, donde vea que puede manejarse con el nuevo aprendizaje de forma eficaz, al principio se tratarán de circunstancias muy controladas y esquematizadas, para con posterioridad ir poco a poco introduciendo todos los matices que se suelen utilizar en el propio mundo emocional. Al igual que cuando uno está aprendiendo un idioma, es contraproducente que vaya a participar en una tertulia, sino que se empieza con diálogos breves y estructurados, para luego ir haciéndolos cada vez más complejos.

Una de las mayores dificultades en el tratamiento de la alexitimia, aparte de que la persona se dé cuenta de que tiene un problema para el que tiene que buscar ayuda, es el de cambiar ese estilo de ser que le ha ido acompañando durante toda su vida, y que ha identificado como una forma de ser propia.

Es como la persona que toda la vida ha sido introvertida, y ahora aprende a relacionarse satisfactoriamente en los ambientes sociales, algo que incluso puede resultarle raro y chocante, al verse así mismo acudiendo a actos sociales sin sufrir por ello. Pues lo mismo va a pasar con la persona con altos niveles de alexitimia, que además del entrenamiento en detectar y expresar sus propias emociones de forma adecuada, tiene que aprender a tomar confianza sobre sus nuevas habilidades y modificar poco a poco la forma como se relaciona con el mundo. Aspecto que por otra parte va a ser bien acogido por familiares y amigos, ya que todo esfuerzo que se realice por la integración en un mundo social es siempre visto como algo positivo, un avance.

Capítulo 10. Trabajando por Prevenir la alexitimia

"Los hombres no lloran", puede resumir lo que ha sido durante mucho tiempo una norma no escrita que se transmitía tanto desde el ámbito familiar como desde las escuelas, lo que hacía que los pequeños aprendiesen a no expresar lo que sienten, en vez de darle las herramientas adecuadas para canalizar esas emociones. Es así cómo se empieza por definir a la persona dentro del mundo emocional, limitando sus posibilidades de conocer sus propios sentimientos y la posibilidad de expresarlos, facilitando el desarrollo de la alexitimia en este caso entre los hombres.

La alexitimia puede tener un doble origen, primario proporcionado por cierta carga genética, y secundario debido a experiencias principalmente durante la infancia. Es en esta época donde el menor, apenas tiene "defensas psicológicas" con la que afrontar situaciones de violencia o maltrato por parte de un adulto, o simplemente un trato "frío o distante" por parte de su propia madre.

Uno de los principales objetivos con los que se trabaja con los menores desde el ámbito de la inteligencia emocional, es para proporcionar las herramientas necesarias para manejar las propias emociones en situaciones difíciles, con lo que prevenir la aparición de una alexitimia secundaria, ya que cuando se trata de algo heredado no se puede intervenir.

La idea de la aplicación de las técnicas de inteligencia emocional en la escuela, es ofrecer a los pequeños la suficiente estimulación emocional para que sea capaz de reconocer sus propias emociones, identificarlas y expresarlas de forma adecuada. Igualmente, y como parte de esta enseñanza se les ayuda a desarrollar la empatía, al reconocer y comprender las emociones en los demás, aprendiendo de esa manera a ajustar su respuesta respondiendo así de forma adecuada.

Tal es la influencia de la escuela en el desarrollo de la persona, que puede ayudar a prevenir la alexitimia, siempre que los docentes estén preparados y cualificados para detectar e intervenir entre aquellos problemas que empiezan a mostrar los primeros síntomas de falta de expresividad emocional. Una intervención que se ha visto exitosa en otras áreas como a la hora de establecer el juicio moral de los estudiantes.

En los primeros años de vida, el pequeño únicamente se dedicaba a comer, dormir y jugar, ahora en la escuela, tiene poco a poco que ir adaptándose a un horario y unas normas de convivencia, que las va a aprender principalmente en este ámbito educativo. La regularidad en las actividades que allí se realizan, tanto de entrar, salir, hora de clase, tiempo de juego en el patio... van a ir estableciendo las primeras reglas y límites para los pequeños, que rápidamente aprenderán a cumplirlas. En ésta etapa los semejantes todavía tienen un escaso valor, convirtiéndose en compañeros de clase o de juego, pero siempre dentro de los límites que la maestra estipule en cada momento.

Es por tanto en este ambiente escolar donde el pequeño da sus primeros pasos hacia la formación de lo que será la personalidad de un individuo adulto el día de mañana.

Mucho se ha hablado de la importancia de la labor de profesor sobre todo en las primeras etapas de su formación para el desarrollo cognitivo del menor.

La labor del docente a medida que van avanzando en el nivel educativo, va siendo cada vez más especializada y centrada en el conocimiento de su materia. Pero en el caso de las primeras etapas educativas, el profesor se convierte en muchos casos en una figura de referencia para los pequeños, los cuales absorben no sólo los aprendizajes programados, sino también valores y formas de actuar y pensar.

Algo que van interiorizando los pequeños gracias a la gran capacidad de observación e imitación, y de aprender absorbiendo todo como una esponja. Es por ello que los profesores deben tomar conciencia del importante papel que juegan en la vida de los pequeños, más allá de la docencia que imparten, sobre todo cuando pueden orientar, sabiéndolo o sin saber, el futuro del menor, pero ¿Qué papel juegan los profesores en la salud mental infantil?

Esto es precisamente lo que ha tratado de averiguar desde la Universidad de Adelaida y el Hospital de Niños y Mujeres (Australia) y la Universidad de Bristol (Inglaterra), cuyos resultados han sido publicados en la revista científica B.M.C. Psychology.

En el estudio participaron cuatrocientos sesenta alumnos entre pre-escolar y primaria de Australia, con edades comprendidas entre los 4 a 6 años, donde el 51% fueron niñas. A todos ellos se evaluó la presencia de salud o no, en dos momentos, a los 12 y 24 meses a través del S.D.Q. (Strengths and Difficulties Questionnaire), recogiéndose también la información que los padres aportaban sobre el correcto comportamiento o no del menor. Igualmente se evaluó la relación entre los docentes y los alumnos a través del S.T.R.S.-S.F. (Student-Teacher Relationship Scale).

Los resultados muestran que cuando las relaciones entre los docentes y sus alumnos son estables en el tiempo, los alumnos muestran menores problemas de salud mental que aquellos que no han formado este vínculo de forma estable. De lo que se deduce la importancia por un personal preparado e implicado con la labor docente, pero también con el ejemplo de vida que van a transmitir a sus alumnos, ya que esto va a influir en su futuro.

Actualmente algunos colegios de educación infantil, conscientes de este papel destacable de la educación emocional a edades tempranas, se están realizando talleres experimentales para incorporar estas estrategias en las clases, con lo que tratan de que los niños se desarrollen más sanamente en el ámbito de las emociones, mostrándose los primeros beneficios tanto a corto como medio plazo, donde se reducen los niveles de conflictividad dentro de la escuela, a la vez que los pequeños se muestran emocionalmente más competentes, tanto para expresar lo que sienten, como para comprender cómo se sienten los demás.

Pero si hay un ejemplo de aplicación exitosa de la

inteligencia emocional en la escuela, se puede encontrar en la innovadora política educativa del gobierno de Canarias, a través de la implantación de la asignatura de Educación Emocional y para la Creatividad en todos los centros educativos a nivel de Educación Primaria, con los que proporcionar a todos los alumnos la oportunidad de recibir los beneficios de una educación emocional adecuada, ofrecida por profesores preparados especialmente para ello. Cuyos responsables informan sobre esta innovadora iniciativa:

<<La creatividad tiene un alto componente emocional en el sentido de identificarnos con aquello que "creamos" y la necesidad de "emocionarnos creando". Y viceversa, nuestra forma de relacionarnos con los demás y con nosotros mismos es una forma de manifestar nuestra originalidad ante el mundo.

Todos los estudios científicos que se han hecho sobre la educación emocional aconsejan empezar lo antes posible.

En Canarias, las emociones ya llevan una larga tradición de trabajo en la etapa de Educación Infantil (el currículo de esta etapa recoge explícitamente la necesidad de atender al mundo de los afectos, los sentimientos y las emociones de los más pequeños). En Educación Primaria ha estado más presente en función de programas y acciones aisladas del profesorado, pero se ha visto la necesidad de implantarlo curricularmente para atender a las demandas del alumnado y del profesorado. Y aunque se han realizado muchas experiencias basadas en programas educativos, es la primera vez (a nivel nacional e internacional) que se incluye en un currículo oficial como área con entidad propia.>>

Aunque diariamente cada uno está expuesto a distintos niveles de estrés, el desarrollo adecuado de un componente de la inteligencia emocional denominado resiliencia es importante para superarlo, por ello es fundamental enseñarlo a los escolares.

El boom de los años 80 sobre la Psicología Emocional, y en concreto de su rama más aplicada de la Inteligencia Emocional, ha permitido el desarrollo de todo un vocabulario tan específico que a veces es difícil estar familiarizado con todos sus términos, como es el caso de la Resiliencia, que puede ser entendida como el conjunto de capacidades y habilidades personales que tiene a disposición la persona para hacer frente a las situaciones más difíciles y salir victorioso de las mismas.

Aunque algunos lo han identificado con una cualidad personal con la que se nace, algo así como el carisma, mayoritariamente se considera que es algo que se puede entrenar y mejorar, permitiendo así tener las herramientas adecuadas para superar el día a día. Algo que es fundamental para cualquier trabajo o profesión, pero ¿A partir de qué edad es adecuado aprender a manejarse incrementando así la Resiliencia?

Esto es precisamente lo que ha tratado de resolver un estudio realizado por la Universidad de Hong-Kong (China) cuyos resultados han sido publicados en la revista científica Universal Journal of Public Health. En el estudio participaron doscientos cincuenta y siete estudiantes de instituto, con edades comprendidas entre los 16 a 20 años (86%) y más de 20 años el resto. A todos ellos se les proporcionaron una serie de cuestionarios para conocer su nivel de estrés, si existía sintomatología física asociada al estrés, la presencia de depresión, el nivel de autoconfianza, autoestima y optimismo del estudiante.

Los resultados informan que sobre la mitad de los participantes consideraban que tenían una buena resiliencia, unido con un buen nivel de autoestima y de autocontrol personal. En cuanto a la diferenciación entre géneros, en el estudio participaron la mitad chicos y la mitad chicas, encontrando mayores niveles de ansiedad y estrés con una menor percepción social entre las chicas que entre los chicos. Con respecto a los hijos de familias monoparentales que se corresponde con el 10% de los participantes, se observó que mostraban menores niveles de resiliencia y de autoestima comparados con el resto de sus compañeros.

Los resultados son cuanto menos preocupantes, debido a que la mitad de los estudiantes tienen una baja resiliencia, algo que se puede entrenar y que resulta muy útil tanto para aumentar la autoestima como el desempeño académico, además tal y como mencionan los autores, una escasa resiliencia puede acarrear problemas de sueño, asociados a la ansiedad, así como otros psicosomáticos.

El estudio muestra por tanto que la intervención se debe de realizar mucho antes de los 16 años, ya que para esa edad ya se han hecho evidentes las carencias emocionales y sus consecuencias, recordando que son pequeños en formación, y al igual que se preocupan desde el centro educativo de que hagan deporte porque están desarrollándose físicamente, también sería conveniente establecer programas de enseñanza de resiliencia, con lo que mejorar su inteligencia emocional y con ello hacerles más competentes a la hora de afrontar el estrés y la ansiedad, algo que por otra parte parece afectar en mayor medida a las chicas que a los chicos.

La inteligencia emocional, es la capacidad que permite desempeñarse adecuadamente con el manejo de las emociones, tanto positivas como negativas, la cual va a tener un papel destacado en la forma de sentir, pensar y actuar.

En contraposición, aquellas personas que tienen escasos niveles de inteligencia emocional, van a destacar por altos niveles de alexitimia, ya que según indican algunos autores se trata de un continuo.

Se ha observado cómo las personas con altos niveles de alexitimia pueden llevar a realizar comportamientos antisociales, ya sea exponiéndose a conductas de riesgo para sí mismo o para los demás, donde las consecuencias sobre la propia salud e incluso la integridad personal pueden evidenciarse.

Cuando uno piensa en conductas de riesgo, lo suele hacer en aquellos comportamientos más extremos, como el conducir a altas velocidades, o el hacer puenting, pero igualmente de arriesgado para la salud son conductas menos llamativas, como el consumo excesivo de tabaco, alcohol u otras drogas, pero ¿Qué papel tiene la inteligencia emocional en las conductas de riesgo?

Esto es precisamente lo que se ha investigado desde la Universidad de Oviedo (España) cuyos resultados han sido publicados en la revista científica Journal of Nursing Education.

En el estudio participaron doscientos setenta y cinco estudiantes del grado de enfermería.

A todos ellos se les administró su nivel de Inteligencia Emocional mediante la escala estandarizada Schutte Emotional Intelligence Scale.

Se evaluó la conducta de riesgo entendida esta como el del consumo de tabaco, alcohol, drogas ilegales, así como la realización de dietas poco saludables, si se tenía o no sobrepeso, si se trataba de una persona sedentaria o no, su nivel de exposición solar, y la práctica de relaciones sexuales sin protección. Además, se recogieron datos sociodemográficos y de satisfacción vital.

Los resultados muestran que aquellos estudiantes que tenían niveles elevados de Inteligencia Emocional, muestran menos conductas de consumo excesivo de alcohol, no siguiendo dietas poco saludables y observando prácticas sexuales con protección.

Al contrario, los que mostraban niveles más bajos de Inteligencia Emocional, que se correspondería con niveles más elevados de alexitimia, mostraban conductas de riesgo en cuanto a un mayor consumo de alcohol, el seguimiento de dietas poco saludables y prácticas sexuales sin protección.

No obteniéndose diferencias significativas en las conductas de riesgo de consumo de tabaco o drogas ilegales, el nivel de sobrepeso, el sedentarismo o el nivel de exposición solar en función del nivel de la Inteligencia Emocional.

Los autores señalan sobre los beneficios de tener altos niveles de inteligencia emocional a la hora de manejar adecuadamente la presión grupal, principal elemento en conductas como el consumo de alcohol.

Indicar que el estudio únicamente recoge la información sobre las conductas de riesgo mediante autoinformes, lo que deja abierta la posibilidad a fenómenos como la deseabilidad social, a la hora de responder, es decir, decir lo socialmente aceptado, sin comprobar si se produce o no ese comportamiento en la realidad.

Igualmente, el utilizar una población muy específica como son los universitarios, no permite realizar extrapolaciones sobre qué pasaría en otros jóvenes.

A pesar de las limitaciones anteriores, los resultados parecen claros en cuanto a la conveniencia de educar a los más jóvenes para que tengan una inteligencia emocional desarrollada, ya que esto le va a servir para prevenir conductas de riesgo futuras.

Capítulo 11.
Conclusiones

En este ebook se ha tratado uno de las temáticas más desconocidas para el público, la alexitimia, que se ha calculado se afecta a una de cada diez personas, por lo tanto, es un problema mucho más frecuente de lo que se considera, y del cual escasamente se habla.

En ocasiones este desconocimiento provoca confusiones, asimilándolo con la inmadurez de las habilidades emocional de los autistas, o con la distorsión emocional de los psicópatas y sociópatas.

En este e-book se han abordado los aspectos más destacados de la alexitimia, y sobre las consecuencias que esta puede acarrear a quien lo padece y a sus familiares y amigos.

Todo ello basado en las últimas investigaciones científicas, presentadas de forma clara, evitando los tecnicismos, para hacerlo más accesible.

Igualmente, cada artículo científico expuesto ha sido contextualizado mediante una breve introducción a la temática concreta que quiere resolver, y comentado al final del mismo, lo que supone un plus a la hora de comprender la validez del mismo.

Sobre Juan Moisés de la Serna

Es Doctor en Psicología, Master en Neurociencias y Biología del Comportamiento, y Especialista en Hipnosis Clínica, reconocido por el International Biographical Center (Cambridge - U.K.) como uno de los cien mejores profesionales de la salud del mundo del 2010. Desarrollando su labor docente en distintas universidades nacionales e internacionales.

Divulgador científico con participación en congresos, jornadas y seminarios; colaborador en diversos periódicos, medios digitales y programas de radio; autor del blog "Cátedra Abierta de Psicología y Neurociencias" y de diecisiete libros sobre diversas temáticas.

Actualmente desarrolla su labor de investigación

en el ámbito del Big Data aplicado a la Salud, para lo cual trabaja con datos provenientes de la India, EE.UU. o Canadá entre otros; labor que complementa con la asesoría a Startups tecnológicas orientadas a la Psicología y el Bienestar personal.